LUST AUF LEBEN DIE NEUE GENERATION DER FRAUEN ÜBER 60

„PERSÖN-
LICHKEIT
STELLT
SCHÖNHEIT
IN DEN
SCHATTEN“

Elvira Bach

LUST AUF LEBEN

Die neue Generation der Frauen über 60

FOTOS: **KONRAD RUFUS MÜLLER** TEXTE: **BARBARA BRAUDA**

EDEL

Der Titel unseres Buchs stammt von Petra Roth, der 69-jährigen ehemaligen Frankfurter Oberbürgermeisterin. „Ich habe so viel Lust auf Leben", rief sie temperamentvoll am Ende unseres Gesprächs. Das war sie, die Quintessenz! Und die frohe Botschaft an alle Töchter, Enkeltöchter, die 30-, 40- und 50-Jährigen: Auch über 60 bleibt das Leben spannend. Und alles ist möglich. Mädels, keine Angst! Alles! Man muss es aber wollen und etwas dafür tun! Und sich nicht auf die faule Haut legen. Ihr seid immer auch Vorbild für die Jüngeren.

Wer es noch nicht bemerkt hat, muss blind sein: Die Frauen über 60 werden immer jünger. Und interessanter. Sie haben nichts mehr von einer älteren Dame. Geburtsdatum und Auftreten passen nach konservativen Vorstellungen nicht mehr zusammen. Man fragt sich oft gar nicht, wie alt diese oder jene Frau wohl sein könnte. Noch nicht mal, ob sie jung ist für ihr Alter. Es ist die Persönlichkeit, die anzieht und überzeugt. Falten? Wahrscheinlich. Na und?

Das ist ziemlich neu. Noch vor einer Generation klang das völlig anders: Der „Spiegel" veröffentlichte 1984 eine Titelgeschichte über „Die Frau um 40". „Ich bin unsichtbar geworden", klagte eine, die ihre Attraktivität eingebüßt hatte. Und der damals trendigste Modedesigner Courrèges lästerte boshaft, jede Frau über 40 sollte sich am besten erschießen. Was für eine Unverschämtheit! Ich war damals 37 und überzeugt davon, dass sich mein Leben anders entwickeln würde. Natürlich behielt ich recht! Die 25 Frauen unseres Buchs sind lebender Beweis dafür, dass sich Entscheidendes verändert hat.

Es war übrigens ganz leicht, Frauen für unser Buchprojekt zu motivieren und über ihr Leben zu sprechen. Sie finden nämlich, es muss endlich gesagt werden: Frauen über 60 sind keine „Omas". Sie stehen mitten im Leben, sind mitten in der Karriere, wagen gerade einen Neustart oder stecken in spannenden Projekten. Sie haben Ausstrahlung, auch erotische, sehen gut aus, und ihr Selbstbewusstsein ist natürlich. Die porträ-

tierten Frauen stammen aus unterschiedlichen Bereichen und Berufen. Sie erzählen, wahrscheinlich mit dieser Generation zum letzten Mal, noch Geschichten von Flucht und Vertreibung, Geschichten aus grauer Nachkriegszeit, in der Mädchen nach Meinung der Mütter besser kein Abitur machten, weil das Männer nur abschreckt, aber vor allem Geschichten von Erfolgen und individuellen Zielen, die mit Ehrgeiz und enormem Einsatz erreicht wurden. Auch Schicksalsschläge, Krankheit und Tod werden nicht verschwiegen. Denn 60 Jahre und mehr sind eine lange Zeit, und das Leben hat mehr Phantasie, als wir uns erträumen.
Jutta Gampe vom Max-Planck-Institut für demografische Forschung in Rostock liefert eine wissenschaftliche Erklärung für das Phänomen der modernen 60er. Der Mensch altert zwar immer noch ab 40, d. h. ab 40 geht's bergab. Aber seit den 70er Jahren sinkt die Mortalität, d.h. die Menschen sterben immer später, gewinnen jedoch an Lebensqualität. Sie haben bessere Voraussetzungen durch gesündere Ernährung und medizinischen Fortschritt. Nicht rauchen hilft weiter, maßvolles Essen, Sport ist wichtig. Kosmetik und Mode spielen eine große Rolle und vor allem Bildung. Bildung gilt als die wichtigste Voraussetzung für ein langes Leben. Salopp formuliert: Erkenntnis ist der erste Weg zur Besserung. Das Leben hat sich gedehnt. Gesund und fit können wir auch die späteren Jahre mehr genießen, mehr leisten und besser nutzen. Insofern sind die Frauen dieses Buchs Produkte der modernen Wissensgesellschaft.
Am oberen Ende des Lebens, und da ist man mit über 60 nun mal, ist also noch viel zu holen. Da, wo früher das Ende war, ist heute noch lange nicht Schluss. Jutta Gampe stellt die These der überalterten Gesellschaft auf den Kopf: Da wir so viel länger fit bleiben, erleben wir eben keine Vergreisung der Gesellschaft, sondern eine Verjüngung.
Sehen Sie, und das beweisen die Frauen in unserem Buch.

Barbara Brauda

„MAN MUSS VERSUCHEN, SEIN INNERES MAKE-UP ZU FINDEN“

ELVIRA BACH

geboren *22. Juni 1951 in Neuenhain*
Beruf *Malerin*

ELVIRA BACH wird am 22. Juni 1951 in Neuenhain im Taunus geboren. Von 1972 bis 1979 besucht sie die Hochschule der Künste in Berlin, u. a. mit den „Jungen Wilden" Rainer Fetting, Salomé, Helmut Middendorf und Stefan Szczesny. 1982 erlebt sie auf der Documenta 7 in Kassel ihren internationalen Durchbruch. Seitdem sind ihre Werke in Galerien, Museen und auf Kunstmessen in der ganzen Welt zu sehen.
Elvira Bach ist heute eine der bekanntesten deutschen Malerinnen. Im Mittelpunkt ihrer Kunst stehen Frauen und alle Themen ihres Lebens, ob als Akt, als Mutter, Geliebte, Hausfrau, als Teil der Welt. Elvira Bach, deren Markenzeichen ihre Turbane sind, ist verheiratet und hat zwei Söhne (Lamine, 28, und Maodo, 20). Sie lebt und arbeitet in Berlin.

Frau Bach, wie war das, als Sie 60 wurden?
Ich habe eigentlich noch nie wirklich Probleme mit meinem Alter gehabt. Nur mit 40 war ich an einem Punkt, an dem ich nachdenken musste. Ich hatte bis dahin nur den einen Sohn; als mein zweiter Sohn auf die Welt kam, war ich schon 42.

Sie haben sich mit 40 überlegt, noch mal schwanger zu werden?
Ja. Bei meinem Erstgeborenen war ich 35. Ich habe irgendwann Angst bekommen …

… dass er Einzelkind bleiben könnte?
… dass ich ihn verlieren könnte! So bin ich gar nicht, normalerweise. Ich hatte immer alles auf mich zukommen lassen. Nun beschlich mich diese leise Angst.

Wie sehen Sie heute Frauen, die über 60 sind?
Alter bedeutet mir nichts. Ob 20, 35, 60 oder 65 – ich sehe die Gesamtausstrahlung, das Besondere eines Menschen.

Was interessiert Sie genau?
Es ist die Persönlichkeit, die sich im Laufe eines Lebens aufbaut. Ich finde es traurig, wenn sich schon 18-jährige Mädchen operieren lassen. Es ist wichtig, sich damit auseinanderzusetzen, wenn die Nase oder was auch immer nicht so ist, wie sie vermeintlich sein sollte. Daran wächst doch die Persönlichkeit. Man sollte versuchen, sein „inneres Make-up" zu finden, sich innerlich schön zu machen. Viele achten zu sehr auf Äußerlichkeiten, anstatt an ihrer inneren Schönheit zu feilen, zu arbeiten, sie zu trainieren und ihr Herz und ihren Geist zu bilden. Das macht unabhängig. Persönlichkeit stellt Schönheit in den Schatten.

Warum sind Sie und andere Frauen mit über 60 heute so viel selbstbewusster?
Daran haben meine Kinder einen großen Anteil. Durch sie bleibe ich jung. Sie inspirieren mich, neue Bereiche des Lebens kennenzulernen, neugierig und offen zu bleiben. Doch es ist auch eine Haltung zur Welt: Es ist schön zu leben, in dem Alter.

Wo leben Ihre Kinder?
Ein Sohn wohnt manchmal noch zu Hause, der andere in New York und studiert dort an der Columbia University. Lamine hat mich damals mit seinen Freunden in Clubs mitgenommen. Das war sehr schön. Da wäre ich sonst wahrscheinlich nie hingegangen.
Im Allgemeinen habe ich allerdings kein Problem damit, auch alleine irgendwohin zu gehen. (lacht) Ich habe schon oft alleine an der Bar gestanden! So habe ich anfangs auch meine Frauenfiguren entwickelt, einfach indem ich mich solchen Situationen ausgesetzt habe.

Sind Ihre Frauenfiguren eine Mischung aus Biographischem und dem, was Sie sehen, z. B. dem aktuellen Frauenbild?
Ja. Mir ist es ganz wichtig, das auszudrücken, was ich weiß, was ich erfahren habe, was ich mir erträume, wünsche, aber vor allen Dingen, was ich erlebt habe.

Sind das positive Erfahrungen?
Ich denke, das sieht man auf den Bildern. Ich kann nur positive, starke Frauen malen, weil ich eben auch positiv bin.

1983 haben Sie hier in Berlin Ihren späteren Mann Alioune kennengelernt. Zwei Jahre später kam Ihr erster Sohn Lamine zur Welt. Wie sieht das Familienleben einer Malerin aus?
Ich muss meinen Alltag straff organisieren und kann keine Pause machen, ich kann es einfach nicht. Nach der Geburt habe ich sofort weitergearbeitet, zunächst ein paar Tage zu Hause, dann wieder hier im Atelier. Zum Glück hatte ich Menschen, die auf Lamine aufgepasst haben. Als dann noch Maodo auf die Welt kam, habe ich einen Mann fest angestellt.

Konnten Sie immer von Ihrer Kunst leben?
Ja. Anders geht es nicht. Das ist mir ganz wichtig. Seit 1980 kann ich von meiner Arbeit leben.

Was macht Ihr Mann beruflich?
Er hat in Afrika eine Farm mit Tieren und baut Mais, Erdnüsse und Hirse an.

Er lebt überhaupt nicht in Berlin?
Doch, auch ... Er lebt in Berlin und im Senegal. Zeitweise war es sehr schwer, immer wieder Abschied nehmen zu müssen, aber es sorgt auch für eine gewisse Lebendigkeit im Miteinander. Man gewöhnt sich daran, und es wird auch selbstverständlicher Alltag.

Freie Künstlerin ist kein einfacher Beruf.
Nein. Ich habe dadurch aber viele Möglichkeiten gehabt, vieles gesehen, konnte in Afrika arbeiten und malen. Am Anfang, als Lamine noch klein war, konnte ich länger wegbleiben.

Und Sie haben dabei viel gelernt ...
Ja! Irgendwo müssen meine Themen ja auch herkommen. Afrika gehört in meine Welt. Dabei war nicht nur alles schön, es war auch ein Kampf, aber das finde ich eben gut.

Malen Sie, wenn Sie im Senegal sind?
Ja. Ich male immer!

Funktioniert eine Beziehung trotz dieser ständigen Trennungen? Sie sind ja schon 30 Jahre verheiratet.
Genau. Alioune ist der Mensch, den ich am besten kenne. Und ich bin eine treue Seele. Es gibt tiefe Verbindungen, die man nicht kappen kann.

Und Ihr Leben hier, in Berlin? Besuchen Sie social events, um im Gespräch zu bleiben?
Ja, es gibt tolle Veranstaltungen in Berlin. Ich bin sehr viel alleine, jeden Tag, wenn auch freiwillig. Und darum gehe ich ab und zu aus, nicht unbedingt, um zu reden, sondern um zu schauen und zu beobachten.

Reden Sie nicht gerne?
Ich rede schon, aber ich muss nicht. Ich habe einiges erlebt und kann jetzt zurückblicken. Wenn ich mit 30 oder 40 gefragt wurde, was ich denn mache, was ich zeigen wolle und warum, konnte ich teilweise überhaupt nichts sagen, weil ich noch mittendrin war. Aber jetzt kann ich es sagen. Das hat mit einem gewissen Alter zu tun. Man ist reifer geworden, auch freier.

Zu beweisen ist ja nichts mehr, Sie haben bereits bewiesen.
Nein, aber ich kann heute Sachen sagen, die konnte ich vorher nicht sagen. Vielleicht, dass ich doch mein Leben gemalt habe. Und immer noch male. Vielleicht.

Malen Sie jeden Tag? Gehen Sie jeden Tag ins Atelier?
Ja, eigentlich schon.

Sieben Tage die Woche?
Nein, aber an fünf Tagen garantiert. So war es immer. Ich habe niemals eine Pause gemacht und habe wenig Urlaub gemacht.

Vielleicht haben Sie eine andere Wahl getroffen.
Genau. Und wenn ich irgendwohin fahre, egal wohin, male ich auch da. Ob ich in der Karibik bin oder in Südfrankreich – ich habe meine Malutensilien dabei.

Skizzenbücher?
Nein, ich male dann richtig ...

... mit Töpfen und Pinseln?
Die bekomme ich vor Ort. Überall, wo ich war, wollte und musste ich arbeiten, zum Beispiel für Ausstellungen. Ich kann es mir nicht anders vorstellen (lacht), die Malerei gehört einfach zu mir.

„Elvira Bach hat jedes Detail inszeniert, mir blieb nur die fotografische Umsetzung.“ *Konrad Rufus Müller*

„MAN MUSS ALLES GLEICH MACHEN, NICHTS VERSCHIEBEN, NICHTS AUFHEBEN FÜR IRGENDWANN ...“

Ist es Besessenheit, oder ist es das Thema Ihres Lebens?
Ich weiß es nicht, jedenfalls ist es so und war immer so gewesen. Wenn ich aus dem Atelier gekommen bin, in dem die großen Bilder entstehen, dann habe ich zu Hause weitergemalt, nachts, auf dem Esstisch, wo auch immer, die kleineren Bilder. Wenn es große Formate sind, brauche ich die Intimität des Ateliers. Aber kleine Arbeiten male ich zu Hause.

Machen Sie noch etwas neben der Malerei – gehen Sie ins Theater?
Nein, derzeit leider nicht.

Ins Konzert, ins Kino?
Leider auch nicht!

Haben Sie Freunde, gehen Sie gelegentlich aus?
Ja, auf jeden Fall. Ich habe große Lebensfreude, höre viel Musik, laut, rauche dabei, trinke gerne Wein. Vor allem, seitdem die Kinder vor einem Jahr ausgezogen sind. Bis dahin war ich jeden Abend zu Hause.

Um sich um die Kinder zu kümmern.
Ja, ich war im Atelier und dann zu Hause. Nach 20 Uhr noch irgendwo ins Theater zu gehen oder in ein Konzert, funktionierte leider nicht.
Natürlich bin ich viel gereist, war auf Ausstellungen und Messen. Am Anfang waren die Kinder aber immer mit dabei, wenn ich sie mitnehmen konnte. Es war mir immer wichtig, mich intensiv um meine Kinder zu kümmern. Mein Leben waren die Kinder und das Atelier. Natürlich habe ich Einladungen angenommen, aber dann war die Betreuung immer organisiert. Soll ich Ihnen etwas verraten? Ich bin nicht mal zum Mülleimer gegangen ... nicht mal das – ich habe sie keine Minute aus den Augen gelassen. Vielleicht war es zu viel, vielleicht war ich zu alt. Wenn ich jünger gewesen wäre, hätte ich es vielleicht anders gemacht, gelassener. Aber bei mir war es nun einmal so. Und es sind immer Helfer da gewesen. Stefan hat 20 Jahre für mich gearbeitet, fest angestellt im Haushalt, so lange, bis Maodo weggegangen ist. Ich hätte gar nicht arbeiten können, wenn ich nicht gewusst hätte, dass alles in Ordnung ist. Und das ist eben anders als bei Kollegen, die eine Frau zu Hause haben. Ich musste mich um alles kümmern, dafür sorgen, dass alles funktioniert. Das geht auch nur, wenn man das Geld dazu hat ...

... und die Disziplin.
Total, sonst geht es nicht.
Ich habe auch immer gedacht, ich muss alles gleich machen, nichts verschieben, nichts aufheben für irgendwann ... Das sind die Bausteine, die zum Leben beitragen: für die Kinder alles machen. Nicht sagen, das geht nicht. Ich meine, wenn es geht, dann muss man es machen. Nie sagen, das mache ich übermorgen oder in drei Jahren. Nein. Jetzt. Heute.

Die Zukunft ist heute.
Ja, genau. Dadurch wird das Leben aufgebaut. Das kann einem keiner mehr nehmen. Das Erleben, das Schöne. So habe ich immer gedacht.

Sogar Ihre Ehe auf zwei Kontinenten haben Sie hinbekommen.
Ja, das haben wir, auch wenn es immer wieder herausfordernd ist. Und genau das ist es, was das Leben spannend, schön und natürlich auch manchmal anstrengend macht. Herausforderungen anzunehmen, zu lernen, sich die Welt und die Menschen zu erobern. Ich hatte das große Glück, mich immer konzentrieren zu können und mich nicht ablenken zu lassen, sondern mich meinem Lebensthema widmen zu können: der Malerei. Ich fühle mich dadurch vom Leben beschenkt und freue mich auf alles, was noch kommt.

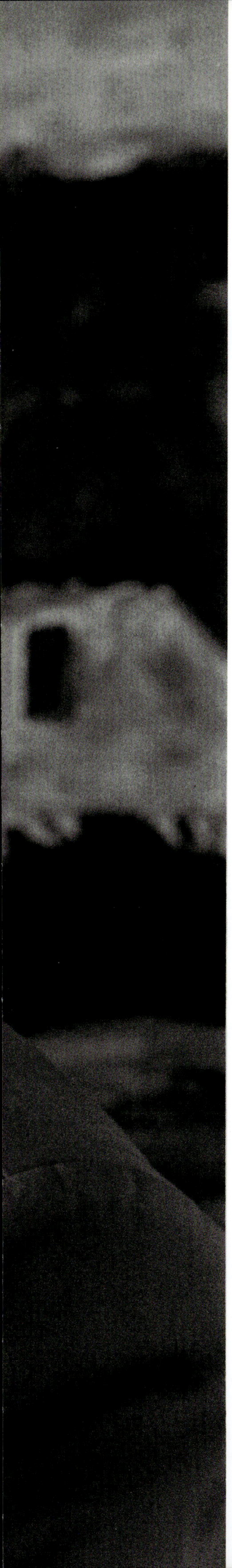

„ICH HABE SO VIEL LUST AUF LEBEN“

Dr. h. c. PETRA ROTH

geboren *9. Mai 1944 in Bremen*
Beruf *Oberbürgermeisterin a. D.*

PETRA ROTH ist eine der erfolgreichsten Politikerinnen Deutschlands. Von 1995 bis 2012 war sie CDU-Oberbürgermeisterin in Frankfurt und dort hochgeschätzt. Bis 2011 amtierte sie mit Unterbrechungen als Präsidentin des Deutschen Städtetags. 2012 war sie auch als Kandidatin für das Amt des Bundespräsidenten im Gespräch.

Petra Roth wird am 9. Mai 1944 in Bremen geboren. Sie bildet sich in Freiburg an der Buchholz-Schule zur Arzthelferin aus. In zweiter Ehe heiratet sie in Frankfurt Erwin Roth und startet als Quereinsteigerin eine spektakuläre Karriere als Politikerin. Der damalige Bundeskanzler Helmut Kohl führt sie in seinem legendären Telefonverzeichnis und ermutigt sie zur Kandidatur. Er fördert sie, weil er ihr Rückgrat und ihre Tatkraft achtet: „Die geht auch uff de Gass“... und ran an die Leute. Petra Roth reüssiert und macht aus einer grauen, schmutzigen Stadt mit schlechtem Ruf eine moderne, kulturorientierte Wirtschaftsmetropole mit hoher Lebensqualität.

Petra Roth ist verwitwet, hat zwei Söhne und zwei Enkel und ist mit einem Schweizer liiert. Sie lebt in Frankfurt, sitzt in mehreren Aufsichtsräten, Stiftungen und Gremien.

Gerade wird in der Frankfurter Paulskirche feierlich der renommierte Ludwig-Börne-Preis für Essays und Reportagen verliehen. In diesem Jahr, 2007, geht er an den jüdischen Publizisten Henryk M. Broder, der sich um die Aufarbeitung des deutsch-jüdischen Verhältnisses verdient gemacht hat. In die Laudatio des Jurors Helmut Markwort hinein dringen plötzlich Zwischenrufe. Markwort ignoriert den Störer, aber der gibt nicht auf. Unruhe entsteht. Ordner betreten den überfüllten Saal. In der ersten Reihe sitzt die Oberbürgermeisterin Petra Roth. Nach einer Weile erhebt sie sich, geht ruhig durch den Mittelgang und findet den Zwischenrufer. Sie setzt sich neben ihn, jemand muss ihr Platz machen, und spricht mit ihm. Es wird wieder still. Markwort kann seine Rede beenden. Der Skandal bleibt aus.

Eine Szene, die typisch ist für Petra Roth. Gespür für Situationen und Stimmungen, das sagt man ihr bewundernd nach. Sie erinnert sich genau: „Das war kritisch. Durchaus dramatisch. Frankfurt ist eine linksliberale Stadt, in der die Kontrolle von Polizei oder Sicherheitskräften nicht gern gesehen wird. Es ging darum, den Bürgern das subjektive Sicherheitsgefühl zu geben, aber das objektive Sicherheitsbedürfnis nicht in Erscheinung treten zu lassen. Das heißt, keine Uniform. Vorne sprach einer über die Freiheit des Geistes. Von hinten kamen Zwischenrufe mit wohl antisemitischem Zungenschlag. Ich kannte den Mann nicht. Aber ich kann Menschen führen. Die Sicherheitskräfte sind angewiesen, wenn Unruhe entsteht, zu beobachten und rauszuführen. Ich dachte nur, um Gottes willen! Wenn jetzt zwei, drei Sicherheitskräfte ... Und deshalb bin ich hingegangen zu dem Mann, und er hat mir erzählt, was ihn aufregte. Es ging um die Palästina-Israel-Frage. Das war hochpolitisch." Wieder mal hatte sie Zivilcourage bewiesen und spontan eine brisante Lage entspannt. „Gewalt. Sehen. Helfen." heißt eine Initiative, die sie gegründet hat, um die Menschen im Alltag zu mehr Mut und Engagement zu bewegen.

Die wohl meistfotografierte Bürgermeisterin empfängt in ihrem Haus, einem schlichten weißen Kubus, im Stadtteil Niedererlenbach. Sie trägt enganliegende schwarze Hosen, einen kurzen gelben Cardigan mit einem gelben Poloshirt darunter. Die kurzen blonden Locken wirken sportlich und dynamisch. Das Gesicht ist nicht frei von Falten, ihre Ausstrahlung und Präsenz lassen das jedoch vergessen. Ihr Haus ist klar gegliedert, lichtdurchflutet, der Blick geht auf eine kurzgeschorene, wellige Rasenfläche, durch seitliche Hecken geschützt vor zudringlichen Blicken. Bilder ihres verstorbenen Mannes – er war ein begabter Maler – hängen an den Wänden. Sie wurden nie ausgestellt, weil er nicht wollte, dass fremde Leute mit dem Sektglas in der Hand urteilen, „ohne seine Gefühle zu kennen, ohne zu wissen, wie und warum er so gemalt hatte". Sie hat sich daran gehalten.

Was für eine Karriere hat diese Frau hingelegt und dabei reihenweise Amtsträger überrundet, die nur fassungslos hinter ihr herschauen konnten. Und sie ist frech. Mit ihrem Mann Erwin Roth im Rücken, der sie ermutigt, und den zwei skeptischen Söhnen, damals 19 und 22, die unken: „Oh, Mama, wenn du Oberbürgermeisterin wirst, hängst du alle sechs Jahre am Baum." Das war 1993, als sie das erste Mal als Listenführerin der CDU Anlauf auf das Amt nimmt und scheitert. Die Partei hatte sie als Verlegenheitslösung aufgestellt. Petra Roth steckt die Niederlage weg, sie hat längst Geschmack gefunden an der Politik: „Wenn ich mir eine Meinung gebildet habe und von einer Idee überzeugt bin, dann will ich anderen Menschen davon erzählen. Ich will ihr Bewusstsein verändern. Erstaunlicherweise überträgt sich meine Begeisterung."

Der zweite Versuch klappt. „Ich will Ihren Platz", teilt die politische Außenseiterin dem überraschten Amtsinhaber Andreas von Schoeler knapp mit. 1995 wird sie als erste Frau Stadtoberhaupt in Frankfurt. Nach fünf Tagen besucht sie Jürgen Dormann, Hoechst-Chef und einer der einflussreichsten Industrieführer seiner Zeit. Er sagt: „Ihre Aufgabe ist ungleich schwerer als meine. Ich treffe von zehn Entscheidungen, die am Tag anstehen, eine. Und wenn sie nicht gut war, wird sie kaschiert von anderen. Sie treffen jeden Tag zehn Entscheidungen, und jeder meint, sie beurteilen zu können, noch dazu in den unterschiedlichs-

„ICH KANN NOCH EINEN SCHLAG MEHR, NOCH EINE SCHAUFEL DRAUFLEGEN."

ten Feldern." Petra Roth war beeindruckt und weiß heute: „Als Oberbürgermeisterin trifft man alle Entscheidungen allein. Man kann sich nicht immer beraten, dazu fehlt die Zeit. Zügige Entscheidungen sind aber manchmal gefordert. Und die Auswirkungen trägt man allein. Ich musste Entscheidungen innerhalb von Minuten treffen und konnte immer nur hoffen, dass sie richtig sind. Denn zu Entscheidungen muss man, musste ich, stehen. Das war ein Grundsatz, den ich mir in den 70er, 80er Jahren gut gemerkt habe, als ich in der Fraktion des legendären Oberbürgermeisters Walter Wallmann saß: Man muss zu seinen Entscheidungen stehen." Sie bilanziert: „Ich habe immer gestanden." Das macht glaubwürdig.

Petra Roth hat eine glückliche Kindheit. Sie wird Arzthelferin und zieht mit 20 Jahren in die Main-Metropole Frankfurt. Nach einer kurzen verunglückten Ehe heiratet sie 1970 Erwin Roth, den Leiter der Hörfunktechnik beim Hessischen Rundfunk, ihre „große Liebe". Er ist 23 Jahre älter als sie und stirbt 1994. Ein schmerzhafter Einschnitt. „Mein Mann", so Petra Roth, „war ein Mensch, der mich völlig verstanden hat, ohne darüber zu sprechen. Er fehlt mir sehr. Das weiß ich in der vollen Bedeutung heute noch mehr als damals. Ich bin bestimmt nicht einfach, aber er konnte damit umgehen. Als ich mit der Politik anfing, haben die Kollegen meines Mannes im Hessischen Rundfunk gesagt: ‚... dass du deiner Frau das erlaubst!' Da hat er gesagt: ‚Jetzt ist aber Schluss, die Petra soll machen, was sie möchte!' Er stand voll und ganz hinter der Politik, die ich gemacht habe. Seine Sorge war nur, ich könnte verletzt werden. ‚Du bist zu empfindlich für die Politik' meinte er. Aber ich bin durchgekommen. Es ist gutgegangen. Er hat mir auch klargemacht, was in mir steckt, was ich kann. Und wenn sie im Tennisclub ironisch ‚Herr Bürgermeister' zu ihm sagten, konterte er gelassen, ‚Nein, nein, diesen Titel habe ich nicht.' Er sagte auch schon ganz früh: ‚Petra muss man an einer ganz langen Leine führen, aber sie will geführt werden.' Das vermisse ich jetzt." Schon in den allerersten Anfängen der Karriere ermuntert sie Erwin Roth. Sie hat das Plakat eines CDU-Mannes gesehen, der zu einer Versammlung lädt. ‚Du, da gehe ich mal hin und hör mir das an', sagt sie zu ihrem Mann, ich bin doch so neugierig, ich war und bin noch heute konstruktiv neugierig.

Petra Roth auf ihrer ersten CDU-Veranstaltung in Frankfurt: eiskalter Winter, nette Kneipe, Bullerofen. Um halb acht sitzt sie in der ersten Reihe. Kein Mensch da. Acht Uhr Beginn. Dann kommt ein Herr zu ihr und fragt vorsichtig, was sie denn hier wolle. Er kenne sie ja gar nicht. Zuhören. Das ist ja schön. Die CDU hat gerade viele Mitglieder verloren. „Und dann bin ich, mein Mann lachte, am nächsten Montagabend zum Stammtisch gegangen. Da hat man Leute kennengelernt und zugehört und wurde schnell in irgendwelche Ämter gehievt. Wo kann man das lernen, habe ich gefragt, und bin dann konsequent zur Adenauer-Stiftung und der Friedrich-Ebert-Stiftung, zu den Bildungsinstitutionen der Gewerkschaften und Kirchen gegangen und habe dort richtig Politik in Seminaren mit Abschlüssen gelernt. Kinderbetreuung gab es inklusive, also konnte ich meine beiden Jungs mitnehmen. Heute kann ich das zurückgeben, wenn ich zum Beispiel für die Konrad-Adenauer-Stiftung als Referentin in deutschen und ausländischen Metropolen über Ziele und Inhalte der Politik rede."

Mit 32 und zwei kleinen Kindern wird sie Stadtverordnete, und dann gibt es Einladungen zu Podiumsdiskussionen. Da müsse man nicht hin. Da habe ich mich gemeldet und gefragt, ist das verboten? „Ich fand nämlich, man muss eine Meinung oder auch eine Gegenmeinung öffentlich machen! Das war die Gelegenheit dazu. Als mir von den Feministinnen männlicher Politikstil vorgeworfen wurde, habe ich gesagt, ich erlebe doch auch nur Männer in den entscheidenden Funktionen. Das müssen wir ändern. Ich wusste, wie wichtig weibliche Emanzipation für eine stärkere Aufstellung von Frauen in zukünftigen Mandaten ist. Sehen Sie, ich bin hier, ich bin eine Frau. Ich war überall die erste Frau."

Für Petra Roth geht es politisch weiter nach oben. „Ich habe mich immer getragen gefühlt und mich nie geängstigt. Ich habe zu Menschen Vertrauen, ich gehe auf alle zu." Nach ihrer Wahl zur Oberbürgermeisterin mokiert sich die

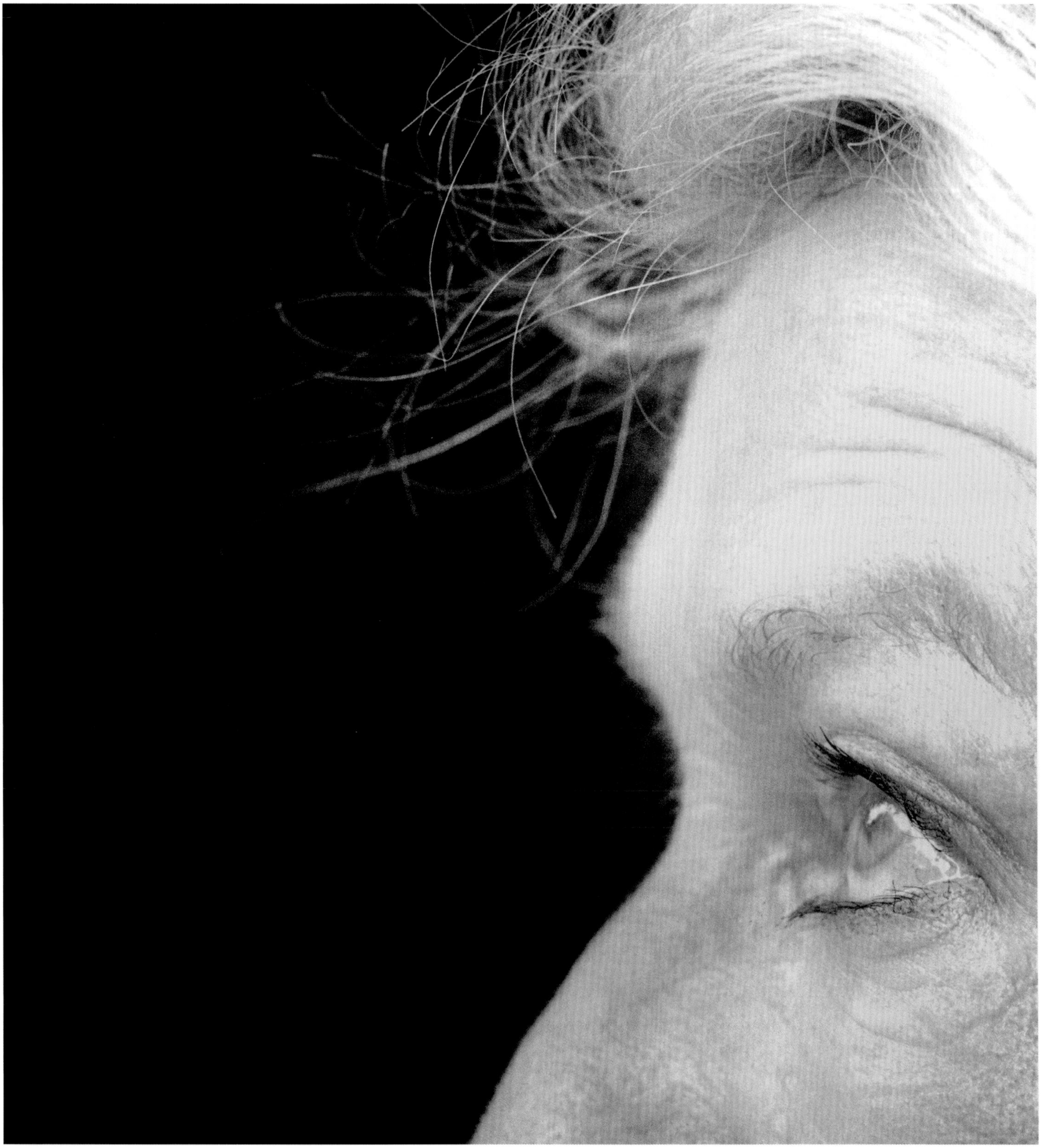

„Auf der Suche nach dem besonderen Detail zwischen Haarspitzen und Fußsohlen entschied sich Petra Roth für den elegant geschwungenen Nasenrücken." *Konrad Rufus Müller*

Presse über ihre ersten Maßnahmen und spottet: Petra Roth räumt auf. Sie lässt die Straßenränder säubern und Graffitis entfernen. Ist das wirklich lächerlich? „Man muss im Kleinen anfangen, um Großes zu erreichen", ist ihre feste Überzeugung. Und es hat funktioniert. „Was du alles wegschaffen kannst, sagte schon meine Mutter. Und es stimmt, ich habe immer das Gefühl gehabt, ich kann noch einen Schlag mehr, noch eine Schaufel drauflegen. Ich habe so viele Ideen, und ich habe so viel Lust auf Leben. Es fällt mir auch nichts schwer. Ich denke nie, das musst du noch machen, sondern, was machen wir danach."

Zweimal, 2001 und 2007, wird die starke Frau mit steigenden Prozentzahlen wiedergewählt. Dann darf sie wegen der Altersgrenze nicht mehr antreten. Mitte 2012, ein Jahr vor Ablauf der Amtszeit, macht sie Schluss, um ihrem Nachfolger genug Zeit für den Wahlkampf zu verschaffen. Wiedergewählt worden zu sein, das war für Petra Roth immer das Ziel ihrer Karriere. „Die Petra" ist längst auch durch ihr Engagement für Kunst und Kultur beliebt. Der 2006 verstorbene Dichter und Satiriker Robert Gernhardt widmete ihr in schönstem Frankfurterisch seine „unsortierten Gedanken eines Frankfurter Bürgers" und sprach vielen aus der Seele:

„Präschtisch, wie se widder aussieht,
Escht gut, wie se präsediert,
Trefflisch, wie se Frankfurt steuert,
Riesisch, wie se es erneuert,
Astrein, wie se's kommendiert!"

Ihr Verständnis und ihr Einsatz für die schönen Künste in Museen, für die Bühnen und die Oper verschaffen ihr Achtung und Zuneigung. Der weltberühmte Choreograph William Forsythe, Chef der Forsythe Company, formulierte sein Bedauern über das Ende einer Ära in einem schlichten Satz: „I will miss Petra." Der Kulturcampus Frankfurt gilt überregional als Modellprojekt der Stadtentwicklung für das 21. Jahrhundert: Im Wohnquartier werden neue Formen des Zusammenlebens erprobt, im Kulturquartier begegnen sich Musiker, Tänzer und Schauspieler aus vielen Institutionen. Das neue Quartier wird zu hundert Prozent nachhaltig und energieeffizient erstellt.

Und nun? Ist da eine Lücke? „Es ist ja nicht vorbei", Petra Roth wiegelt ab. „Das Mandat war eine politische Aktivität auf Zeit. Das wusste ich. Es war wunderschön. Und jetzt gebe ich mein Netzwerk weiter an andere Institutionen. Und auch da gibt es Zustimmung, die mich freut. Ich bin mittendrin!" In der Stiftung Schloss Ettersburg, die sich mit der Gestaltung des demographischen Wandels beschäftigt und Strategien für eine schrumpfende Bevölkerung entwickelt, oder als Consultant der Tel Aviv University, wo es um die Förderung der akademischen und kulturellen Beziehungen der Partnerstädte Tel Aviv und Frankfurt geht.

„Ich wünsche mir demütig, dass mir die Kräfte und die geistige Fitness bleiben, mich weiter einzubringen." Allerdings ohne körperliches Training: „Die Ärzte sagen, wer so viel mit dem Kopf zu bewältigen hat, betreibt Gehirnjogging." War der 60. Geburtstag ein wichtiges Datum? „Ich habe mit 60 nicht an das Alter gedacht. Es gab ein Riesenfest mit tausend Leuten im Römer. Vielleicht sollte ich mich mal mit meinem 70. befassen, mir Gedanken darüber machen, dass ich 70 Jahre gelebt habe, aber es stellt sich noch kein Gefühl des ‚Altseins' ein. Wenn liebe Freunde, die so fünf, sechs Jahre älter sind als ich, sagen, na, jetzt gehst du doch mal wieder auf den Tennisplatz oder fängst an, Golf zu spielen, frage ich mich, wie ich das in meinem neuen Terminkalender unterbringen soll."

Setzt sich in ihren neuen schwarzen Sportwagen, lässt das Cabriodach herunter und braust winkend davon zur Aufsichtsratssitzung eines großen Unternehmens. Und heute Abend kommt für vier Tage ihr Freund aus der Schweiz.

„WENN ES KUNST IST, WIRD MUSIK IM TANZ VISUELL. SONST WÄRE ES SPORT“

Prof. BIRGIT KEIL

geboren *22. September 1944 in Kowarschen*
Beruf *Ballerina, Tanzpädagogin und Ballettdirektorin*

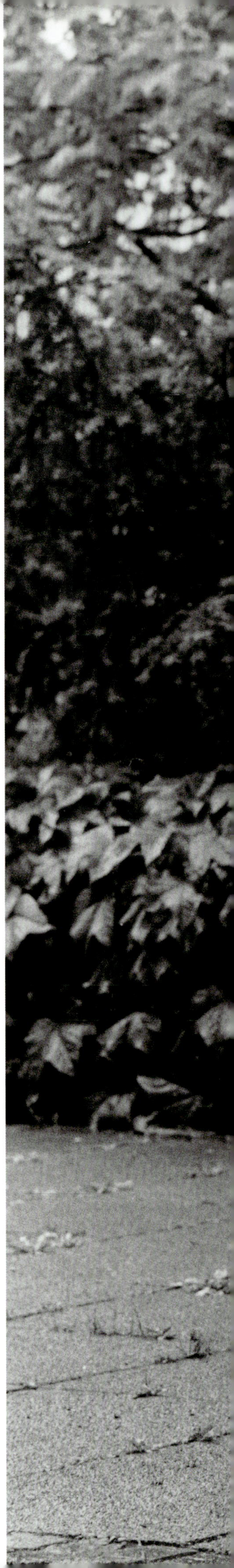

BIRGIT KEIL wird am 22. September 1944 in Kowarschen, in der Nähe von Karlsbad, im Sudetenland geboren. Mit ihrer Familie wird sie nach dem Zweiten Weltkrieg von dort vertrieben. Sie wächst in Bad Kissingen und Stuttgart auf. Hier beginnt sie ihre Karriere als Tänzerin und wird unter dem legendären Choreographen John Cranko zu einem Superstar.
Unter seiner Direktion wird sie durch Tourneen mit dem Stuttgarter Ballett bekannt und feiert durch Sologastauftritte u. a. an der Opéra Paris, der Mailänder Scala, dem American Ballet Theatre an der Metropolitan Opera, New York, dem Royal Ballet in Covent Garden, London, und an der Wiener Staatsoper als die deutsche Ballerina von Weltformat Triumphe.
Birgit Keils Partner sind Legenden wie Rudolf Nurejew, Richard Cragun, Paolo Bortoluzzi und Fernando Bujones. Sie tanzt alle Hauptrollen des klassischen und modernen Repertoires.
Ihre Interpretation inspiriert Choreographen wie Cranko, MacMillan, Wright, Tetley, Kylián, Neumeier, Spoerli, Scholz, Feld, van Manen und Haydée zu Kreationen für sie.
1980 erhält sie den Titel „Kammertänzerin".
Im Herbst 1995 beendet Birgit Keil ihre aktive Bühnenlaufbahn mit einer glanzvollen Abschiedsgala im Großen Haus der Württembergischen Staatstheater Stuttgart.
Seit 1997 ist sie Leiterin an der Akademie des Tanzes Mannheim, wo sie auch als Professorin lehrt. 2003/2004 übernimmt sie zusätzlich die Ballettdirektion des Staatstheaters Karlsruhe. Das unter Birgit Keil neu formierte Karlsruher Ballett findet durch das vielfältige Repertoire internationale Beachtung.
Seit 1968 verbindet sie mit Vladimir Klos eine berufliche und private Partnerschaft.

Zwischen 5.30 und 6.30 Uhr morgens klingelt normalerweise der Wecker für Birgit Keil, vor zwei Uhr nachts kommt sie selten ins Bett, denn „es gibt immer viel zu tun, Langeweile kenne ich nicht."
Ihr Alltag, das ist die Ballettdirektion in Karlsruhe – Planung, Proben, Gespräche, abends die Vorstellungen. Dann das Deputat und die Leitung in Mannheim – die Arbeit als Pädagogin mit den Studierenden, viel Büroarbeit, Organisation, Aufführungen. In Stuttgart die private Tanzstiftung Birgit Keil – Stipendiaten, Präsentationen, Akquirierung und Pflege von Spendern und Sponsoren. Und und und. Ein Arbeitstier. „Ich scheine, Gott sei Dank, nicht viel Schlaf zu brauchen."
Sie hat eine Figur wie ein 16-jähriges Mädchen, bewegt sich graziös. Immer ein Strahlen im Gesicht, immer freundlich zu jedermann, lächelnd. Schauspieler, Sänger, Tänzer, Bühnentechniker in der Karlsruher Theaterkantine schauen dieses zarte Reh mit den riesigen dunklen Augen verstohlen an, scheu, spüren ihre Aura. Ein Reh? Nein, eher eine Magnolie aus Stahl.
Tanzen, immer nur tanzen, das war ihr Leben. Und ist es bis heute.
Disziplin bestimmt ihr Leben. Disziplin bestimmt das Leben der Tänzer. Aber nur selten führt die Schwerstarbeit in die schwindelerregenden Höhen der Kunst des Balletts und des Ruhms wie bei Birgit Keil. Sie hat Sternstunden erlebt, wie zum Beispiel beim Gastspiel von „Romeo und Julia" mit Vladimir Klos als Romeo an ihrer Seite auf der Bühne der New Yorker Met. Ein magischer Abend. Als nach der letzten Szene – dem Tod des Liebespaares –, der Vorhang fiel, war es totenstill. Keine Hand rührte sich. Zu bewegt war das Publikum. Als sich der Vorhang wieder öffnete, brach ein Orkan los, tosender Beifall, der kein Ende nehmen wollte. „Ein solcher Moment ist unvergesslich." Birgit Keil ist die Königin des Tanzes. „Eine Ballerina von Weltformat", schrieb die „New York Times" über die „Elegantissima". „Ich habe lange Beine und lange Arme wie ein Affe", sagt sie und lacht. Ihre Anatomie ist ein seltenes Geschenk. Lange Unterschenkel, schmale Fesseln und

„TALENT OHNE GEIST, OHNE SEELE, OHNE LEIDENSCHAFT, OHNE BESESSENHEIT IST NICHTS WERT – TALENT ALLEIN FÜHRT ZU NICHTS.“

ihr Spann! Der gestreckte Fuß auf Spitze zeigt eine besonders schöne Linie. Die feingliedrigen Finger wie Lilien, farblos lackierte Nägel, zarte Handgelenke – man staunte über ihre Anmut und makellose Technik, ihre Ausdruckskraft – das Außergewöhnliche an ihr neben Höchstleistungen, die Voraussetzung sind. „Wenn es große Kunst ist, wird Musik im Tanz visuell, und die Bewegungen werden mit Emotionen und Inhalt angereichert. Sonst wäre es Sport.“

35 Jahre lang war das Stuttgarter Ballett ihr Zuhause, zählte sie zur Weltelite. Auch das außergewöhnlich, wo manche Karrieren schon mit 30 zu Ende gehen und Sehnen, Gelenke, Knochen längst kaputt sind. Birgit Keils Füße sind auch heute noch gesund und schön, trotz des Spitzentanzes über Jahrzehnte.

Tanz – das war ihre Leidenschaft. Seit ihrer Kindheit. Nach der Vertreibung aus der Heimat verbrachte die Familie ein paar Jahre in einem Lager in Bad Kissingen und zog dann nach Stuttgart. Die Mutter liebte Ballett und Musik und förderte ihre kleine Tochter. Sie ging früh in eine private Ballettschule und dann in die Ballettschule von Anneliese Mörike im Staatstheater Stuttgart. „Ihre Tochter wird mir noch viel Freude bereiten“, sagte die Lehrerin nach dem ersten Training zur Mutter. Und keiner hatte eine Vorstellung davon, zu welchen Höhenflügen diese einzigartige Karriere führen würde.

Ein erster großer Tag. Der neue Ballettdirektor im Stuttgarter Staatstheater, Nicholas Beriozoff, genannt Papa, suchte für seine erste Produktion mit dem Ballettensemble, „Dornröschen“, neun Ballettschülerinnen aus. Dann die erste Probe. Der Ballettsaal war voll mit den Ensemblemitgliedern. „Papa teilte uns Schülerinnen ein, die eine Hälfte nach rechts, die andere nach links. Eifrig eilte ich auf die Seite, um mich einzuordnen, als ich ihn rufen hörte: ‚Birgit, du nicht!‘ Ich war fassungslos. Ich glaubte, womöglich nicht ausgesucht worden zu sein, und hätte mich am liebsten vor Scham in Luft aufgelöst. Ein furchtbarer Moment. Dann hörte ich seine Stimme – ‚Birgit‘. Er hatte mich für mein erstes Solo im Blumenwalzer in ‚Dornröschen‘ vorgesehen. Und das mit elf Jahren!“ Ihr Alltag bestand aus Schule, danach ins Theater, in der Ballettschule trainieren, Proben und Aufführungen mit dem Ensemble, Vorstellungen des Schauspiels und der Oper besuchen und, falls noch Zeit blieb, so oft wie möglich ins Kino gehen – und bei allem lernen und so viele Eindrücke aufsaugen wie möglich. Für Birgit Keil hätte es nichts Wichtigeres geben können.

Wir schreiben das Jahr 1961. Gerade 16 Jahre alt geworden, beendete sie die Schule und die Ausbildung zur professionellen Tänzerin. Zur gleichen Zeit wurde sie von John Cranko, dem legendären Choreographen und Charismatiker, entdeckt, der gerade als Nachfolger von Beriozoff die Ballettdirektion übernahm. Der Funke sprang über. „Die Fügung wollte es, dass ich im richtigen Moment am richtigen Ort mit dem richtigen Menschen zusammentraf.“

Cranko gab ihr einen Vollvertrag, und bereits in der ersten Spielzeit kreierte er für sie mit Ray Barra, dem Ersten Solisten, als Partner die Hauptrolle in „Scènes de ballets“. „Cranko hat in mir die deutsche Ballerina gesehen. Es scheint, dass ich die geworden bin.“

„Oft hörte ich, dass ich talentiert sei. Aber was dies bedeutet, wurde mir erst klar, als ich anfing, selbst zu unterrichten. Und es war gut, dass es mir nicht bewusst war. So habe ich während meiner Karriere ständig an mir gefeilt und konnte mich immer weiterentwickeln. Tanz war meine Leidenschaft. Im Tanz konnte ich mich verwirklichen, er war die Sprache, in der ich mich ausdrücken konnte. Tanz war meine Welt. Allein körperliche Voraussetzungen wie Koordination, Musikalität und brillante Technik, also das, was Talent ausmacht, sind noch nicht alles. Talent braucht Geist, Seele, Leidenschaft, Besessenheit.“

1962, in ihrer zweiten Spielzeit, schickte Cranko sie „zur Horizonterweiterung“ nach London an die Royal Ballet School. „All die großartigen Tänzer des Royal Ballet auf der Bühne erleben zu dürfen! Und ich bin stundenlang durch London gelaufen, habe die Stadt zu Fuß erkundet.“

Zurück in Stuttgart legte sie den Grundstein für ihre internationale Karriere. Mit Hingabe und Fleiß. Als die deutsche Ballerina tanzte sie alle Hauptrollen des klassischen und modernen Repertoires. Ihre makellose Interpretation von „Schwanensee“ zusammen mit ihrem

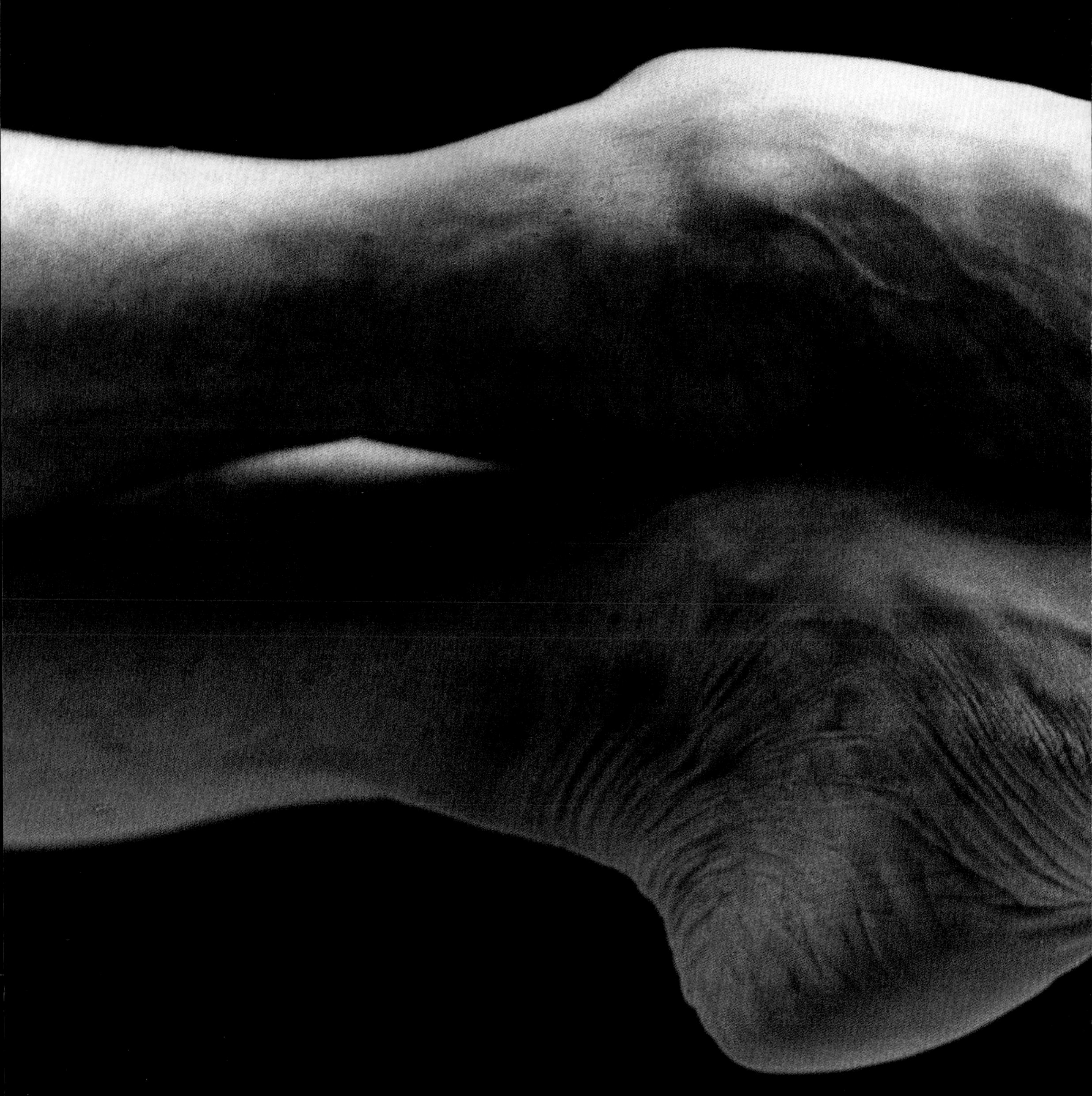

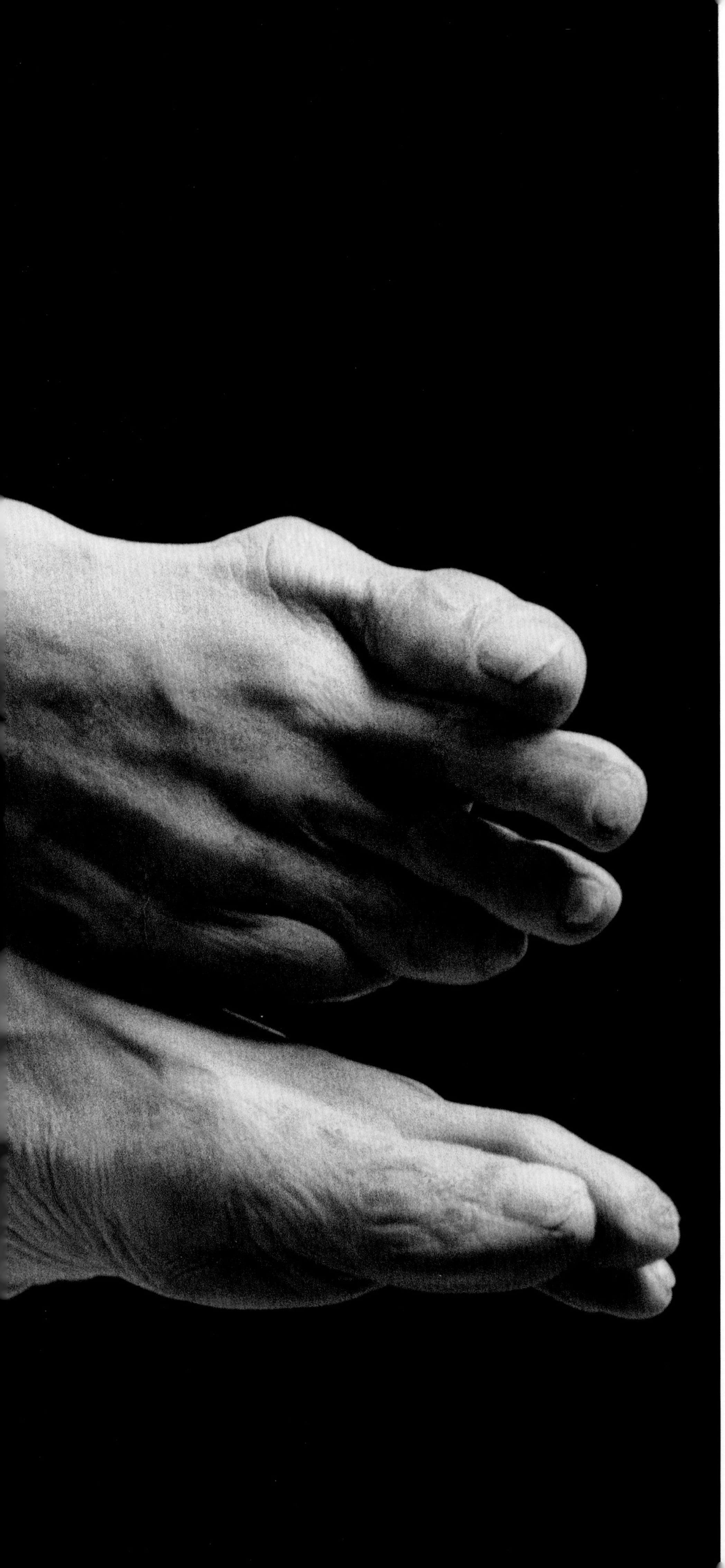

◄ „Welch eine Geste:
Birgit Keil leiht mir ihre maltrātierten Füße für ein Bild in rembrandtschem Licht."
(Konrad Rufus Müller)

Partner Vladimir Klos steht bis heute auf YouTube. Immer wieder hat sie bedeutende Choreographen zu Werken inspiriert, die für sie geschaffen wurden.
Dann ein Autounfall. Verletzungen im Sprunggelenk, Fersenbeinbruch, Sehnen und Bänder sind gerissen. Eine Katastrophe! Die Kollegen fürchteten, das kriegte sie nicht mehr hin. „Als Cranko zu mir sagte: ‚Das ist das Beste, was dir passieren konnte', brach ich in Tränen aus. Da warf er eine Olive nach mir und sagte: ‚Ich werde dich stechen mit Nadeln' – er war überzeugt, dass ich aus dieser Krise künstlerisch gereift und gestärkt hervorgehen würde." Die erzwungene Pause dauerte ein fürchterlich langes Jahr, und trotzdem glaubte Cranko an ihre Rückkehr. Und sie kämpfte sich wieder an die Spitze. Seit dieser Zeit nannte er sie meinen „Phönix aus der Asche".
Dann kam Vladimir. Der Mann an ihrer Seite: Vladimir Klos, Tscheche. 1968 verließ er während der russischen Okkupation seine Heimatstadt Prag und gelangte über Wien nach München, wo er Cranko vortanzte. Im überfüllten Lift des Münchner Staatstheaters fiel sie ihm auf, schon damals faszinierten ihn die großen Augen von Birgit Keil. Vladimir Klos wurde von Cranko für das Stuttgarter Ballett engagiert, und von da an begann der gemeinsame Weg, künstlerisch und privat unzertrennlich.
„Es war 1973, und der Rückflug nach einem für das Stuttgarter Ballett sehr erfolgreichen USA-Gastspiel stand bevor. Wir hatten uns bereits in der Hotelhalle in Philadelphia versammelt, als John zu mir kam und zu meiner Verblüffung sagte: ‚Mach die Augen zu' und mir etwas in die Hand drückte. Ein Geschenk, es waren zarte Ohrringe aus Kolibrifedern, die er im Museum für mich gekauft hatte. Als wir uns dann auf dem Rückflug nach Deutschland befanden, saß John zwei Reihen vor Vladimir und mir. Er forderte mich auf, mich neben ihn zu setzen. Wir hatten ein Gespräch, das sich um den Leitfaden drehte, den mir John mit auf meinen Weg gegeben hatte. Nämlich, dass ich durch Krisen wachse. Ganz aktuell bezog es sich darauf, dass ich an der Seite von Richard Cragun auf dieser Tournee in New York als Odette/Odile in Crankos ‚Schwanensee' einen Bombenerfolg hatte. Am nächsten Tag ein totaler Verriss über mich von einer Kritikerin in der ‚New York Times.' Da ging mein Publikum auf die Barrikaden, und die Proteste landeten waschkörbeweise in der Redaktion. Das war tröstlich für mich, aber auch, dass Clive Barnes, der Kritikerpapst der ‚New York Times', meinen nächsten ‚Schwanensee' sah. Er schrieb: ‚Eine deutsche Ballerina von Weltformat – die erste seit Fanny Elßler. Deutschland hat lange auf eine Keil warten müssen.'
John wollte mich lehren, dass man im Augenblick der Enttäuschung oder der Krise nicht aufgeben darf, denn man weiß nie, wozu es letztendlich gut ist. Dies war unser letztes, unvergessliches Gespräch. Wenig später starb er an Bord der Maschine.
In nur 12 Jahren hat er das Stuttgarter Ballett zu Weltruhm geführt, und jetzt waren viele der Meinung, dass das Ensemble auseinanderbricht. Das Gegenteil war der Fall, seine Werke sind bis heute auf den großen Bühnen der Welt zu sehen.
Und dann kam der Tag, an dem ich mich entschloss, meine aktive Karriere zu beenden, um mich künftig auf ganz andere Weise dem Tanz und seinem Nachwuchs zu widmen. Nichts schien mir sinnvoller. Jetzt ergaben sich – wunderbar in der richtigen Reihenfolge – zuerst die Gründung der Tanzstiftung Birgit Keil in Stuttgart zur Förderung des tänzerischen und choreographischen Nachwuchses." Das war 1995. Danach folgte sie dem Ruf des damaligen Ministerpräsidenten Erwin Teufel nach Mannheim, zunächst als Professorin und wenig später als Leiterin der Akademie des Tanzes an der Staatlichen Hochschule für Musik und Darstellende Kunst. 2003 schließlich übernahm sie zusätzlich die Ballettdirektion am Staatstheater Karlsruhe. Auch das Fügung? Ja, denn durch die Namen der legendären Künstler Birgit Keil und Vladimir Klos, gepaart mit den finanziellen Möglichkeiten der Stiftung, konnten internationale Talente an die Akademie des Tanzes geholt, durch Stipendien gefördert und auf höchstem technischem und künstlerischem Niveau ausgebildet werden, sodass sie in bedeutenden Ballettcompagnien Engagements fanden. Die Kooperation mit dem

Staatstheater Karlsruhe ermöglicht nicht nur den Studierenden Bühnenerfahrung, sondern auch dem Staatsballett, Ballette mit großer Besetzung auf die Bühne zu bringen. Allein mit 30 festengagierten Tänzern könnte man die Klassiker nicht aufführen. „Stuttgart, Mannheim, Karlsruhe – Förderung, Ausbildung, professionelle Karriere – mein magisches Dreieck."

Ob es eine Bedeutung hatte, 60 zu werden? „Nein. Warum auch? Ich setze mich für den Tanz ein, solange meine Begeisterung und Energie vorhanden ist. Das ist vom Alter unabhängig.

Ich glaube an das, was ich tue. Und ich tue es mit Leidenschaft. Leidenschaft ist nicht von Arbeitszeiten abhängig. Den Entschluss, mit dem aktiven Tanz aufzuhören, habe ich nie bereut. Es war eine glückliche Weichenstellung. Ich empfinde es als Gnade, dass mich meine heutigen Aufgaben nicht weniger erfüllen als mein eigener Tanz.

Heute geht es darum, für andere da zu sein, für andere den Weg zu bereiten. Das ist für Vladimir und mich die größte Freude. Es kann passieren, dass wir in einer Vorstellung unseres Ensembles sitzen, wie kürzlich in ‚Giselle', als wir beide durch die Leistung unserer Tänzer so gerührt waren und mit den Tränen kämpften, weil wir uns natürlich daran erinnern, wie wir die Entwicklung dieser jungen Menschen erlebt haben, wie wir ihren Traum erfüllen konnten, sie nach Europa zu holen, wie wir sie gefördert und ausgebildet haben und sie obendrein noch in ihrer künstlerischen Karriere weiterführen dürfen.

Vladimir und ich, wir gehören einfach zusammen. Wir haben uns so viel zu sagen und langweilen uns nie. Wir sind unzertrennlich. Dieses ungebrochene Vertrauen, das Füreinanderdasein, das ist das Besondere.

Ich werde häufig gefragt, vermisst du die Bühne nicht? Nein. Ich vermisse nichts. Im Gegenteil. Ich bekomme täglich mehr, als ich mir jemals erhofft hätte."

„JOHN CRANKO HAT IN MIR SEINE DEUTSCHE BALLERINA GESEHEN. ES SCHEINT, DIE BIN ICH GEWORDEN."

„ICH BIN SO EIN MACHER-TYP. ICH WILL IMMER WAS ORGANISIEREN“

HELMA OROSZ

geboren *11. Mai 1953 in Görlitz*
Beruf *Oberbürgermeisterin*

◄ „Auf der Suche nach dem ultimativen Blickwinkel habe ich den Fernseher weit nach rechts gerückt. Hier allerdings steht er definitiv falsch!" *(Konrad Rufus Müller)*

HELMA OROSZ (CDU) ist seit 2008 Oberbürgermeisterin von Dresden, der Hauptstadt Sachsens. Wegen einer schweren Brustkrebserkrankung musste sie ein volles Jahr im Amt pausieren. Seit etwa eineinhalb Jahren ist sie zurück am Schreibtisch. Nachdenklicher. Die zierliche Frau mit dem frechen Kurzhaarschnitt achtet jetzt sorgfältig auf ihre mühsam erkämpfte Genesung, joggt regelmäßig, versucht, die bis dato üblichen 16-Stunden-Tage zu vermeiden und die Wochenenden möglichst freizuhalten von Terminen. Was nicht immer gelingt. Ihren 60. Geburtstag hat sie als Wiedergeburt gefeiert – offiziell und privat.
Die gelernte Krippenerzieherin wird am 11. Mai 1953 in Görlitz geboren. Ihre Biographie ist geprägt von der deutschen Teilung und den unterschiedlichen Lebensumständen in den zwei deutschen Staaten. Die Wende bringt Chancen. Sie legt mit großem Fleiß und noch größerer Unbekümmertheit eine makellose Karriere hin, wird Familien- und Sozialministerin im sächsischen Kabinett und gewähltes Dresdner Stadtoberhaupt für sieben Jahre.
Helma Orosz ist geschieden, hat eine Tochter und zwei Enkelkinder. Sie lebt in Dresden.

Es gibt eine Anekdote aus dem Leben von Helma Orosz, die typisch ist für die kleine Frau mit der großen Kraft und der Lockerheit, sich neue Aufgaben, auch wenn sie noch so gewaltig scheinen, in aller Ruhe mal anzugucken. Och, kenn ich nicht, probier ich mal! Das scheint ihr Lebensmotto zu sein.
Im Jahr 1966 ist Helma 13 und lebt mit ihrer Mutter in Weißwasser. Ein Mädelshaushalt. Helmas Bruder ist zehn Jahre älter als sie und längst aus dem Haus. Die beiden Frauen sind eher Freundinnen als Mutter und Tochter. Helmas Mutter hatte 1944, als der braune Spuk schon fast vorbei war, geheiratet und einen Sohn bekommen, aber ihr Mann kam nicht aus dem Krieg zurück. Er wurde vermisst. Gefangenschaft? Ein paar Jahre blieb die Mutter allein und wartete auf die Rückkehr ihres Mannes. Man wusste ja nicht, ob er wiederkommen würde. Es gab keine Todesnachricht. Nach vergeblichen Suchaktionen durch das Rote Kreuz wurde er für tot erklärt.
Wer ihr Vater ist, weiß Helma nicht. Die Mutter schweigt beharrlich über ihre Affäre in den einsamen, ungewissen Jahren. Das Geld ist knapp, Helmas Mutter arbeitet im Waggonbau und muss Nachtschichten schieben, um sich und das Kind über die Runden zu bringen, denn Helmas Erzeuger zahlt keinen Unterhalt für seine uneheliche Tochter. Ein Verstoß gegen geltendes Recht. Gelegentlich beklagt sich die Mutter. Der Geliebte hatte sie verlassen, wollte ihr Geld für eine Abtreibung geben. Aber Helmas Mutter hatte Angst, es könnte ihr etwas passieren und ihr kleiner Junge allein zurückbleiben. Helma ist gerade im richtigen „rebellischen Alter" und empört über die Ungerechtigkeit, als sie beschließt, diese Sache in Ordnung zu bringen. Allein zu Haus stöbert sie in den Unterlagen der Mutter, findet Namen und Anschrift des Drückebergers – er ist in der Leitung des Waggonbaus – und greift an. Mit klopfendem Herzen geht sie zu der Adresse und klingelt. „Muffe hatte ich schon", erinnert sie sich und rechnet durchaus mit ein paar „Klatschern" wegen ihrer Attacke. Zu ihrer Überraschung öffnet nicht der Vater, sondern die sympathische Ehefrau des Zahlungsunwilligen. Helma muss rasch ihre Taktik umstellen und sagt tapfer, dass sie ihren Vater sprechen möchte. Ein Schlag ins Kontor für die Ehefrau, die sich aber fängt und Helma großmütig hereinbittet, als sie kapiert, wer vor der Tür steht. Helma, jetzt in Rage, erzählt, wie ungerecht sie es findet, dass ihre Mutter schuften muss, weil der Ex-Geliebte seinen Pflichten nicht nachkommt. Das Kind und die Ehefrau sind sich einig, dass er ranmuss. Als er die Haustür aufschließt, „er

war so ein Filou-Typ", zieht ihn seine Frau ins Nebenzimmer und klärt ihn auf. Es folgen hilflose Drohgebärden: „Freches Ding! Was fällt dir ein ..." Aber Helma weiß sich schon auf der Siegerstraße. Die 13-Jährige verlässt das Schlachtfeld erhobenen Hauptes. Ab sofort fließen die Alimente. Vielleicht imponiert dem Chef die Kleine sogar, seine Tochter, denn Helma gelingt es, eine lose familiäre Beziehung aufzubauen, und bis zu seinem plötzlichen Tod treffen sich die beiden gelegentlich in freundschaftlicher Atmosphäre.

Die Oberbürgermeisterin von Sachsens Hauptstadt mit über 500 000 Einwohnern wirkt jugendlich. Unter ihr amtieren ein Stellvertreter und sechs Bürgermeister. Sie ist Vorsitzende des Stadtrates, Leiterin der Stadtverwaltung und als solche für die laufenden Verwaltungsgeschäfte und die Umsetzung der in den Gremien gefassten Beschlüsse verantwortlich. Unbekümmert scheint sie wie jemand, der heil und ohne Kratzer auf der Seele durchs Leben schlittern konnte. Aber das ist ein Irrtum. Das Publikum sieht nur die perfekte Fassade der Politikerin, die bei der Eröffnung des „Grünen Gewölbes", der Schatzkammer August des Starken mit all seinen Pretiosen, bella figura macht; die beim Semperopernball im Abendkleid durch den Tanzsaal schwebt – nach einer termingerechten Mayr-Kur, die für schmale Taille sorgt; die Botschafter empfängt oder Bürger in ihrem Büro, stets adrett und nicht zu modisch gekleidet, weil die das nicht mögen; die Akten frisst. Gute Vorbereitung, sprich: Fleiß schafft Informationsvorsprung bei kontroversen Diskussionen in der Koalition. Nein, einfach war ihr Leben nicht. Und es ist in diesem Zusammenhang nur eine Bagatelle, als sie sich 2009 für den Dresdner Status des UNESCO-Weltkulturerbes plus dringend benötigter zusätzlicher Elbüberquerung durch die umstrittene Waldschlösschenbrücke einsetzte. Die UNESCO hatte den Entzug des Status angekündigt, weil die Brücke das berühmte barocke Canaletto-Panorama zerstören würde. Der Malerin Erika Lust passte das nicht. Ihr Gemälde „Frau Orosz wirbt für das Welterbe" zeigte eine nackte Helma Orosz mit roten Strapsen, Schärpe und Amtskette in unbeholfener Pose und ein paar Pfunden zu viel auf den Hüften vor einer monströsen Betonkonstruktion. Ein Brüller, der genüsslich immer wieder veröffentlicht wird. Geht das nicht zu weit? So möchte man sich eigentlich nicht sehen. Die Politikerin klagt und verliert: Die Kunst ist frei, entscheidet das Gericht. Den Gang vor das Bundesverfassungsgericht schenkt sie sich klugerweise. Über Mätzchen wächst schnell Gras. Der Status als Weltkulturerbe geht verloren.

Von ganz anderen Kalibern hat das Leben Varianten im Köcher: Lähmend, schockartig schnürt ihr die Diagnose Brustkrebs die Luft ab. Vier Monate vorher hatte das Screening keinen Befund ergeben. Aber dann ertastet sie einen Knoten in der Brust. „Ich war schwer erkältet, hatte das Wochenende zu Hause im Bett verbracht, alle Termine delegiert und abends ein Bad genommen, mich eingecremt. Ups, was war das denn gerade? Ach, das fass ich gar nicht mehr an. Hat sicher mit der Erkältung zu tun. Und dann, mit 100 anderen Dingen für die kommende Woche im Kopf, dachte ich, jetzt reiß dich mal zusammen und fass da noch mal hin. Ich hatte richtig Angst davor. Aber ich habe noch mal hingefasst. Und da war für mich sofort klar, da ist was. Ich habe mich erst mal in einen Sessel gesetzt und überlegt, was machst du jetzt? Rufst du jemanden an? Nein, du rufst niemanden an, du reißt dich zusammen, gehst morgen zur Arbeit und lässt dir sofort einen Termin geben bei der Gynäkologin. Ich habe mich über mich selbst gewundert." Alle Gefühle von damals kommen wieder hoch, ihre Stimme zittert. Die Diagnose nach allen Untersuchungen ist niederschmetternd. Der Tumor ist schon groß und auf der Skala von 1 bis 4 der bösartigste: eine 4.

Es ist Ende Januar 2011. Sie entscheidet sich für die schnellste Variante: montags Arztbesuch, dienstags Biopsie, mittwochs Befund, Donnerstag und Freitag ordentliche Übergabe im Amt. Montag drauf OP. Zunächst informiert sie die engsten Mitarbeiter, „ich habe gesagt, so ist es, und die sind in Ohnmacht gefallen", alle Termine umswitchen, keine Außentermine mehr für die Oberbürgermeisterin annehmen. Dann kommen der Stellvertreter und die Bürgermeister in ihr Zimmer. Es fließen Tränen, auch bei

„Nicht August der Starke führte Regie bei der Suche nach einem authentischen Platz. Es war die nüchterne Architektur eines großstädtischen Rathauses.“ *(Konrad Rufus Müller)*

den Männern. Trotzdem müssen die anstehenden Projekte verteilt werden. „Ich sagte, Mensch, Leute, jetzt ist Januar, ich werde am Montag operiert. Und wenn da nichts Besonderes ist, kann ich im Mai wieder hier sein und arbeiten. Also in einem Vierteljahr." Eine gewagte Prognose.
„Dann war da noch die Frage, wie gehen wir mit dieser Nachricht in der Öffentlichkeit um. Das muss man sich in meiner Position überlegen. Mein Verhältnis zur Presse war gespalten. Also habe ich gesagt, ehe es zu Spekulationen kommt, werde ich die Fakten bekanntgeben. Vorher hatten ja schon Margot Käßmann und Sylvie van der Vaart über ihre Erkrankung gesprochen. Die Journalisten haben sehr fair reagiert, auch als ich später nachlegen musste, weil sich die Diagnose doch als komplizierter darstellte und die Ärzte sagten, ich würde wohl ein volles Jahr ausfallen. Ich habe nur darum gebeten, mich in der Zeit möglichst in Ruhe zu lassen und mir nicht ständig vor der Haustür aufzulauern und Fotoapparate vorzuhalten, wenn ich mit Glatze den Müll runterbringe. Das ist respektiert worden."
Es wurde tatsächlich ein volles Jahr. Am 4. Februar erfolgt die Operation, ohne Amputation der Brust, weil das Drüsengewebe ausreichte, um den tiefen Schnitt auszugleichen. Im März beginnt die Chemotherapie. Bis Juli werden dem geschundenen Körper drei der härtesten Varianten zugeführt. Die Haare würden ausfallen, damit musste sie sich abfinden. Meist gehen sie flächenweise aus, wissen die Ärzte, in Büscheln, die morgens auf dem Kopfkissen liegen. Helma Orosz beschließt, dem Problem entgegenzugehen und sich sofort den Kopf rasieren zu lassen. Zwei unterschiedliche Perücken werden angefertigt. „Die Haare waren das kleinste Problem", erklärt sie. „Die Chemo war schlimm. Ich erzähle mal, was die Schwester im Krankenhaus mir gesagt hat, in dem ich die Infusionen bekommen habe. Wenn Sie zur Toilette müssen, sagte sie, spülen Sie mehrfach, weil die Flüssigkeit die Keramik der Kloschüssel angreift. Sie sagte, Sie müssen so viel wie möglich trinken und das Zeug so schnell wie möglich wieder aus Ihrem Körper rauskriegen. Aber was passierte dann im Inneren meines Körpers?"
Ob dieser Kommentar medizinisch korrekt die Tatsachen wiedergibt, ist hier nicht von Bedeutung. Die panische Angst muss ausgehalten werden. Helma Orosz will niemanden sehen in ihrer Situation. Sie ist ganz unten. Händchen halten von Freundinnen? Kein Bedarf. Da hätte sie sich zusammennehmen müssen oder wollen. „Ich rufe euch lieber an, wenn ich euch brauche." Ein Jahr vegetiert sie in ihrer Wohnhöhle, liest keine Zeitungen, sieht nicht fern, alle Kräfte sind aufs Gesundwerden programmiert. Nach der zweiten und dritten Chemotherapie und den brutalen Folgen wird ihr Körper immer schwächer. Sie

denkt, sie schafft es nicht. Gegen die Chemo sind die folgenden Bestrahlungen ein Spaziergang. Nur ein bisschen müde ist sie und hat kleine Verbrennungen ... „Der behandelnde Chirurg sagt eines Tages, wir haben nicht gewusst, ob wir Sie durchbringen. „Da habe ich gedacht, noch so ein Tropf oder ein paar Schläuche, was soll's, ich hab's verdrängt. Vielleicht wäre es doch gut, wenn du es schafftest. Man muss auch selber versuchen, sich ein bissel aufzubauen."
In Dresden fürchtet man um das Leben der Oberbürgermeisterin. Die Presse schreibt: „Orosz kehrt nach OP wohl nicht ins Amt zurück." Aber sie kommt zurück. Im März 2012 nimmt sie ihre Amtsgeschäfte wieder auf. Sie hat überlebt. Und ist dankbar. Ihren Körper behandelt sie seitdem pfleglicher. Wenn es eben klappt, geht sie viermal in der Woche an der Elbe joggen. Die Ärzte haben ihr erklärt, dass Bewegung die Entwicklung der krebsfördernden Freien Radikale verhindert. Deshalb kommt sie meist erst gegen 10 ins Büro, früher saß sie schon um halb acht am Schreibtisch. 16-Stunden-Arbeitstage? Nur wenn es wirklich nötig ist. Und die Wochenenden sollen der Regenerierung dienen. Es sei denn ... Ausnahmen gibt es genug. Trotzdem ist sie sich der potenziellen Gefährdung bewusst und nimmt jede Nachsorge in Anspruch, dankbar, noch mal davongekommen zu sein.
Den Gedanken aufzuhören hat sie nicht. Sie stammt aus einer Familie starker Frauen. Ihre Großmutter zog mit 60 in ein Altersheim, das war zu DDR-Zeiten Usus. „Ich habe sie als nette, niedliche Oma in Erinnerung. Mit Haarknoten und immer mit Schürze. Man musste den Platz viele Jahre vorher bestellen, so wie man bei einem Auto, zum Beispiel einem Trabi, 16 Jahre Wartezeit hatte. Aber dann konnte man mit 60 sozusagen als gesetzliche Rentnerin da einziehen." Nach vier, fünf Jahren verliebt sich die rüstige Oma in einen Mitbewohner. Das Paar verlässt das Altersheim, zieht in eine eigene Wohnung, heiratet, bis es Oma zu langweilig wird. Die Enkelin lacht: „‚Er spricht gar nicht mehr', schimpfte Oma, und ist mit ihm zusammen wieder zurück ins Heim gezogen. Da hatte sie mehr Gesellschaft."
Auch Helma Orosz' attraktive Mutter ist mit 60 in Rente gegangen: „Das war zu DDR-Zeiten so. Dagegen konnte man nichts machen. Das war behördlich festgelegt." Das ist noch gar nicht so lange her. „Wenn ich mit meiner Tochter über meine Mutter oder meine Oma spreche, staunen wir immer, wie schnell sich auch in einem überschaubaren Familienleben die Frauen verändert haben."
Helma weiß früh, was sie will. Sie wächst auf in einem evangelischen Umfeld, in einer offenen Atmosphäre. Wo die Jugendlichen frei über ihre Probleme reden können, ihre erwachende Sexualität, aber auch über politische Fragen, z.B. warum dürfen wir nicht woanders hinfahren, warum dürfen wir nicht sagen, dass wir Verwandte im Westen haben, warum gibt es bei uns keine Orangen. Sie distanziert sich automatisch von dem Diktat der DDR-Maximen, die den Schulalltag der Kinder bestimmen, die Jugendweihe fordern und eine politisch stramm regimetreue Orientierung. Helma passt das nicht: „In der Rückschau würde ich sagen, ich wollte mich einfach nicht bedrängen lassen. Auch mit 12, 13 war mir klar, dass ich mit meinem Gewissen viele Schlenker machen müsste, die ich aber nicht machen wollte."
Helma weigert sich, zur Jugendweihe zu gehen. Ein folgenreicher Entschluss. Lehrer und Direktor kommen nach Hause und heizen der Mutter ein. Aber die bleibt standhaft und überlässt ihrer Tochter die Entscheidung: „Wenn wir uns einig sind, dann stehen wir das zusammen durch." Sie wagt es sogar, dem Direktor bei seinem zweiten Besuch zu widersprechen: „Meine Tochter ist alt genug, um zu wissen, was sie will. Ich werde sie nicht zwingen."
Das schlägt Wellen. Helma ist in ihrer Klasse die Einzige. Mit einem katholischen Jungen aus der Parallelklasse, der auch nein gesagt hat, darf sie mit den anderen Schülern nicht ins Kino oder Theater oder an gemeinschaftlichen Ausflügen in eine Jugendherberge fahren. Sie muss mit dem anderen jugendlichen Verweigerer Altpapier aufsammeln, was sie nicht als Strafe empfindet. Vor allem dürfen sie nicht aufs Gymnasium und Abitur machen.
Die Berufswahl ist jetzt stark eingeschränkt. Aber das macht ihr nicht zu schaffen. Es soll was Soziales sein, mit Menschen zu tun haben und mit Gesundheit. Sie

„DASS ICH DIESE KARRIERE GEMACHT HABE, DASS ICH HEUTE HIER SITZE, HABE ICH VOR ALLEM AUCH DEN MENSCHEN IM WESTEN ZU VERDANKEN, DIE UNS FACHLICH UND MENSCHLICH BEGLEITET HABEN."

absolviert eine DDR-spezifische zweieinhalbjährige Ausbildung zur Krippenerzieherin, die zur Hälfte aus Pädagogik, zur Hälfte aus Medizin besteht. Nach fünf Jahren und einigen Weiterbildungen wird sie Leiterin der Kindereinrichtung und übernimmt erste betriebswirtschaftliche Aufgaben. Mit Anfang 20 lernt sie ihren Mann kennen, einen ungarischen Techniker, und zieht mit ihm nach Weißwasser in eine rasant wachsende Satellitenstadt neben der Großbaustelle eines internationalen Tagebaus. Die Neubauwohnung mit Küche, Bad und Innentoilette ist wie ein Gottesgeschenk. Anfang der 70er Jahre wird Tochter Sandra geboren, die Ehe geht den Bach runter, die Karriere steil nach oben. In Boomtown werden junge Leute gesucht. Helma Orosz kann mit Anfang 20 gleich als stellvertretende Leiterin einer Kindereinrichtung anfangen, die sie später für fast 15 Jahre übernimmt. Hier legt sie das Fundament ihres Fachwissens. „Eine Punktlandung", erkennt sie heute.

Zur Zeit der Wende ist Helma Orosz Leiterin aller Kindereinrichtungen des Landkreises Weißwasser. Und es geht weiter auf der Leiter nach oben in einer „hochspannenden Phase". Ost- und westdeutsche Bürokratien reisen am Wochenende im eigenen Auto voller Kollegen hin und her. Die Stadtverwaltung Hagen und Neustadt in Bayern helfen beim Aufbau der Organisation, erklären den Kollegen Ost Strukturen und Abläufe. „Dass ich diese Karriere gemacht habe, dass ich heute hier sitze, habe ich diesen Menschen zu verdanken, die uns fachlich und menschlich begleitet haben. Das war der Wahnsinn! Nach drei oder vier Jahren", betont Helma Orosz, „gab es Bundesmodell-Projekte. Da war das Sozialamt in meinem Zuständigkeitsbereich das beste in ganz Ostdeutschland." Im neu geschaffenen Landratsamt wird sie zur Gesundheits- und Sozialdezernentin gewählt und bleibt zehn Jahre in dieser Funktion. Quasi nebenbei läuft ihr Studium zur Verwaltungs-Betriebswirtin.

2001 wird sie gefragt, ob sie CDU-Oberbürgermeisterin in Weißwasser werden will, das nach Zusammenlegung mehrerer Städte an die 100 000 Einwohner hat. „Ich dachte, jetzt sitzt du hier schon zehn Jahre. Dazu bist du zu jung. Und dann dachte ich, du kannst es doch mal probieren." Sie gewinnt gegen sieben Kandidaten und baut die Verwaltung „ein bisschen" um: „Hat mir wieder viel Spaß gemacht. Ich habe wieder von vorn angefangen. Aber ich bin so ein Macher-Typ. Ich will immer was organisieren." Der amtierende sächsische Ministerpräsident Georg Milbradt ist längst auf die durchsetzungsstarke Frau Orosz aufmerksam geworden. Können Sie sich vorstellen, in meinem Kabinett Gesundheits- und Sozialministerin zu werden?, fragt er. Und sie denkt: Warum eigentlich nicht? Versuch's doch! Ist ja eigentlich von den Inhalten her das Gleiche. Sie antwortet am nächsten Tag: Ja, ich mach's, aber nur, wenn ich moderne Familienpolitik machen kann. Er ist einverstanden. „Ich glaube, ich habe in den fünf Jahren gute Politik gemacht. Als erstes deutsches Land habe ich den Sächsischen Bildungsplan für Kindergärten aufgelegt und zum Gesetz gemacht. Da steht drin, was die Kinder zwischen drei und sechs lernen sollen und wie der Übergang zur Grundschule geklärt wird. Es gab damals viele, viele Rücksteller, die den Übergang nicht schafften wegen ungenügender Vorbereitung. Das läuft jetzt vorbildlich. Da hat Sachsen deutschlandweit Zeichen gesetzt."

Die Politik zeichnet ihren weiteren Weg. Der Ministerpräsident formuliert eines Tages das Ziel, dass die CDU wenigstens eine Großstadt gewinnen müsse: „‚Außer dir fällt uns niemand ein, der das könnte. Du musst das machen.' Ich wäre gern Ministerin geblieben. Man konnte was bewegen. Und man hatte auch immer jemanden, der vor einem stand. Jetzt nicht mehr. Jetzt bin ich ganz vorn. Und dann noch in der Landeshauptstadt." Das ist nun seit 2008 so.

Frau Orosz, welche Bilanz ziehen Sie? „Ich kenne eigentlich niemanden in Deutschland, der eine solche politische Karriere gemacht hat. Deswegen ist es etwas Außergewöhnliches, und das finde ich toll. Ich bin stolz, dass ich die Chance dazu hatte."

Sie springt auf, verabschiedet sich, hüpft die zwei Stufen zur Hotelhalle hinunter und läuft davon. Es ist Samstagabend. Ein offizieller Termin. Der Botschafter wartet.

„MEINE KINDER SIND FÜR MICH DAS WERT-VOLLSTE AUF DER WELT“

Susanne Porsche

Prof. SUSANNE PORSCHE

geboren *4. Juni 1952 in Frankfurt*
Beruf *Filmproduzentin*

Wer wissen möchte, wie man Netzwerke knüpft, sollte unbedingt **SUSANNE PORSCHE** fragen. Und wer lernen möchte, wie man aus Ideen Projekte macht, auch. Aber wie man diese Projekte in Institutionen verwandelt und zum Erfolg führt, wird schnell merken – dazu muss man geboren sein.
Fördern ist ihr großes Anliegen: Frauen, Kinder, Lehrer, Kunst. Hat sie einen Missstand erkannt, will sie ihn ändern, macht sich an die Ursachenforschung und reagiert wie eine Schnellfeuerwaffe mit geeigneten Maßnahmen. Quasi nebenberuflich. Im Hauptberuf ist sie Unternehmerin und Filmproduzentin. Oder ist es umgekehrt? Jedenfalls fährt sie zweigleisig und hat Energie für zehn. Sie ist unter anderem Mitglied der Tabaluga Kinderstiftung für sozial benachteiligte Kinder und Jugendliche, Mitglied im Beirat der Hypovereinsbank zur Förderung von weiblichen Führungskräften, Mitglied der PIN – Freunde der Pinakothek der Moderne zur Förderung der Kunst.
Sie hat einen Lehrerpreis ins Leben gerufen, sitzt in der Jury vom Alterspreis, ist Vorstandsmitglied der Europäischen Akademie für Frauen in Politik und Wirtschaft und Trägerin des Bundesverdienstkreuzes. 2002 wird ihr vom österreichischen Bundesministerium für Bildung, Wissenschaft und Kultur für ihr kulturelles Engagement der Professorentitel verliehen,
Susanne Porsche wird am 4. Juni 1952 in Frankfurt geboren. Sie bricht ein Medizinstudium ab und arbeitet beim Fernsehen als Moderatorin und Redakteurin, bevor sie ihre eigene Firma gründet. 20 Jahre war sie mit Wolfgang Porsche aus der Porsche-Dynastie verheiratet und hat mit ihm zwei Söhne. Heute lebt sie mit dem international renommierten österreichischen Regisseur und Kameramann Xaver Schwarzenberger in München und macht mit ihm gemeinsam Filme.

Die Summerset Filmproduktion hat ihr Büro in München-Bogenhausen in einer ruhigen Wohnstraße mit gediegenen Mehrfamilienhäusern. Aber der Eindruck der Ruhe täuscht. Drinnen, in den hellen hohen Räumen, sorgt ein blondes Energiebündel für reichlich Wind. Susanne Porsche kommt gerade von einer Diskussion mit der Bundeskanzlerin, zu der sie 260 Gäste eingeladen hatte. Draußen ist es brütend heiß, die Summerset-Chefin trägt Weiß. Ein kniekurzes Etuikleid mit Jäckchen, knallrote Stilettos, dazu die passende Handtasche, einfach perfekt. Die Liste ihrer Filme ist beeindruckend, die Liste ihrer Engagements erstaunlich, die Auszeichnungen und Orden machen sprachlos. Hinter der makellosen Fassade steckt eine herzliche, humorvolle, wache Frau, zu Scherzen aufgelegt und an allem interessiert. Ihre freundliche Sekretärin hat unter anderem den Job gekriegt, weil sie als einzige Bewerberin drei Kinder hat. So viel zum Thema praktische Frauenförderung.

Frau Professor Porsche, wie schafft man dieses Arbeitspensum, das Sie sich freiwillig aufhalsen?
Ich bin schon immer zweigleisig gefahren. Im Beruf läuft es ja oft nicht so, wie man das gerne hätte. Man hat Rückschläge zu verkraften oder bekommt nicht die Chance, das zu machen, was man will. Da habe ich dann noch ein anderes Standbein, wo ich uneigennützig bin. Es ist leichter, für andere etwas durchzusetzen als für sich selber. Wenn ich sehe, dass irgendwo etwas schiefläuft, dann versuche ich, die Dinge zu verändern. Ich bin stark im Anschieben. Wenn ich sie auf die Schiene gesetzt habe, bin ich total begeistert und hungrig danach, dass es funktioniert. Weil es ein so schönes Gefühl ist, wenn es geklappt hat. Man hat ganz andere Erfolgserlebnisse. Das finde ich wunderbar.

Was für Filme produzieren Sie im Moment?
Gerade drehe ich weitere Folgen unserer ZDF-Krimiserie „Der Alte". Und ich bereite mit Xaver einen Kinofilm vor. Morgen fliege ich nach Sardinien, wo wir außerdem

an einem Fernsehfilm mit Jutta Speidel und Bruno Maccallini arbeiten unter dem Titel „Zwei Esel auf Sardinien“.

Welche Projekte außer Ihren Filmen liegen Ihnen besonders am Herzen?

Da ist vor allem der Deutsche Lehrerpreis, den ich gegründet habe. Mir ist es wichtig, für die Lehrer etwas zu tun, denn die betreuen über viele Stunden am Tag das Wichtigste, das wir haben, nämlich unsere Kinder. Zum Beispiel haben wir eine Gesetzesänderung hinbekommen, die besagt, dass es jetzt auch an den staatlichen bayerischen Schulen – nicht nur an städtischen – bei Bedarf Springer-Lehrer gibt, und deren Organisation sogar auch von Eltern-Initiativen durchgeführt werden darf.
Mir geht es dabei um Bildung, Bildung, Bildung. Traurig finde ich es auch, dass die Wahlbeteiligung meist so gering ist. Das kriegt man nur korrigiert, wenn man in mehr Bildung investiert. Außerdem: Je besser und engagierter die Lehrer ihren Beruf ausfüllen, desto besser geht es uns als berufstätigen Frauen und Männern! Wenn wir unsere Kinder morgens mit gutem Gewissen in Ganztagsschulen bringen können und sie nachmittags wieder abholen und wissen, da werden sie mit Gleichaltrigen zuverlässig betreut. Nur dann sind wir auch in der Lage, uns voll und ganz auf unsere Arbeit zu konzentrieren. Solange das nicht klappt, haben die Frauen keine wirkliche Chance zur Berufstätigkeit. Viele – für eine aufstrebende Gesellschaft zu viele –, die studiert und supertolle Abschlüsse gemacht haben, arbeiten dann nicht, wenn sie Kinder haben. Was für ein Verlust! Da wird Wissen weggeworfen. Wir müssen ihnen die Möglichkeit schaffen, ihren beruflichen Lebensplan auch als Mütter selbst bestimmen zu können.

Was bewegt Sie außerdem?

Wir vergeben in der Boschstiftung einen Alterspreis. Da werden Menschen ausgezeichnet, die etwas für die ältere Generation tun. Das sind Vorbilder, aus denen man Modelle ableiten kann, die uns in ganz verschiedenen Bereichen enorm weiterbringen.

Außerdem bin ich bei einer Organisation, die Cool Strong Kids heißt. Unsere Mitarbeiter gehen in Brennpunktschulen, dahin, wo die Gewalt auf dem Schulhof besonders groß ist und die aggressiven Kinder versuchen, sich mit der Faust durchzusetzen. Die Cool Strong Kids lernen in speziellen Trainings, nein zu sagen und dass man sich auch mit Worten abgrenzen kann. Ein bundesweiter Aufbau dieser Organisation ist geplant. Aber für präventive Maßnahmen ist es viel schwieriger, Geld aufzutreiben, als für Kranke. Wie bei den Krankenkassen! Aber da muss man eben durchhalten und sagen: Geht nicht gibt's nicht.

Was hat Sie zu diesem sozialen Engagement gebracht?

Als jüngstes von fünf Kindern hatte ich eine wahnsinnig glückliche Kindheit. Ich bin sehr geprägt von Familienleben und der Gemeinsamkeit an großen Tischen, Einladungen. Ich liebe Menschen. Das merke ich vor allem, wenn ich mich für sie einsetze. So wie ich für meinen Vater als Kind sein Bambi, sein Herzblättchen war, so überlege ich mir auch heute noch manchmal, was er wohl gesagt hätte, wie ich das jetzt machen soll. Als ich fünf Jahre alt war, habe ich schon immer gesagt, ich werde mal Mutter. Dann musste ich allerdings 40 und 43 werden, bis ich meine Söhne bekam. Es hat halt nicht früher sollen sein. Meine Kinder sind für mich das Wichtigste auf der Welt. Und das Schwierigste ist, sie jetzt loszulassen. Auf dem Weg von der Wohnung meines Sohnes in Paris zum Flughafen habe ich nur geweint, weil er jetzt in die Welt hinausging. Es tat so weh. Aber irgendwann muss man sie loslassen. Wir wollten ja auch die Welt entdecken. Jetzt studiert der Große Architektur in Wien, und der Kleinere hat dieses Jahr Abitur gemacht. Mal sehen, wohin es ihn verschlägt. Ich bin sehr stolz auf beide.

Wie sind Sie in die Filmbranche geraten?

Als Schülerin wollte ich Medizin studieren, aber ich sollte kein Abitur machen. Denn meine Mutter meinte, je klüger eine Frau ist, desto schwerer findet sie einen Mann. In München habe ich dann bei einem Krebsforscher in der Administration gearbeitet, habe ihm sogar assistiert bei

◄ „Susanne Porsche hatte das berühmte Foto von Marlene Dietrich im Sinn, als wir uns für dieses Motiv entschieden."
(Konrad Rufus Müller)

kleinen Eingriffen, Vorlesungen vorbereitet und Rechnungen geschrieben. Mein Chef hat mich dann zum Glück so gepusht, dass ich das Begabten-Abitur in Berlin nachgemacht habe. Das war eine tolle Erfahrung! Damals dachte ich, jetzt gehört mir die ganze Welt. Als ich 14 war, erkrankte mein Vater an Krebs, und ich habe ihn gepflegt, bis er starb. Er wollte nur noch von mir Essen annehmen. Ich wurde deshalb von der Schule befreit. Das war sicher der Auslöser für meinen Wunsch, Medizin studieren zu wollen. Ich dachte, das wäre meine Berufung, ich würde eine Art Mutter Teresa. Aber während eines Aufenthalts in Indien merkte ich, dass ich mit dem Tod überhaupt nicht umgehen kann. Ich hatte Alpträume vor Mitleid mit den Angehörigen und wurde sogar krank. Weil man nicht wusste, was mir fehlte, lag ich hier in München auf der Isolierstation und sah den ganzen Tag lang fern – das Kinderprogramm. Eines Tages rief ich beim Sender an, weil ich dachte, ich könne ein paar gute Ideen einbringen. Als das ZDF für eine Moderatorin eine Urlaubsvertretung suchte, haben sie mich gefragt. Daraufhin habe ich mich selber aus dem Krankenhaus entlassen. Mit 1,72 Metern wog ich noch 47 Kilo. Darum zog ich drei Pullover übereinander, um dicker auszusehen. Ich bekam den Job. Irgendwann, nach vielen Erfahrungen, habe ich mich selbständig gemacht. Und wenn man selbständig ist, arbeitet man auch selbst und ständig. Das habe ich bei meinem Vater erlebt. Er war auch ein wunderbarer Arbeitgeber, genau wie mein Schwiegervater Ferdinand Porsche, der jeden Pförtner mit Namen kannte und wusste, wer sich gerade den Arm gebrochen hatte. Mit 14 habe ich meinen Vater verloren und mit 33 einen Vater wiederbekommen. Über sein Leben habe ich auch ein Buch geschrieben und einen Film gemacht.

Hat es Ihnen etwas bedeutet, 60 zu werden?

Überhaupt nicht. Wir müssen dankbar sein, dass wir in unserem Alter noch so viel bewegen können und dürfen. Dass wir keinen Krieg und die schrecklichen Folgen erlebt haben wie unsere Eltern und Großeltern. Wir können doch froh sein, dass wir in Frieden leben. Und glücklich sein, wenn wir älter werden. Wer nicht alt werden will, muss jung sterben. Ist doch auch keine Lösung.

Waren Sie schon immer politisch interessiert?

Ja. Deshalb habe ich mich auch so für die Europäische Akademie für Frauen in Politik und Wirtschaft eingesetzt. Daraus ist meine Mentorentätigkeit im Frauenbeirat der Hypovereinsbank entstanden.
Gerne gebe ich meine Erfahrungen an junge Frauen weiter und helfe ihnen dabei, sich selbständig zu machen, bespreche ihren Businessplan, den Finanzierungsplan und alles, was ansteht. Nach interessierten Frauen muss ich auch nicht lange suchen, die finden mich. Sie haben tolle Ideen. Eine Frau zum Beispiel berät Firmen dabei, Kindertagesstätten aufzubauen. Eine andere bietet psychologische und fachliche Unterstützung für Mitarbeiter, die pflegebedürftige Angehörige haben, und prüft die Möglichkeit einer Tagespflegeeinrichtung. Für unsere alternde Gesellschaft doch genial. Als Erstes frage ich die Frauen nach ihrer Lebensplanung und ob sie Kinder wollen. Dann rate ich ihnen, sie bald zu bekommen, denn der Zeitpunkt stimmt nie. Es müssen auch nicht immer Akademiker sein, die sich selbständig machen. Wir haben hervorragende Industrie- und Handelskammern mit unglaublichen Möglichkeiten für eine Selbständigkeit. Denn, wenn man sein eigener Herr ist, kann man wunderbar Kinder kriegen. Für mich war es sehr wichtig, die Mahlzeiten mit meinen Kindern gemeinsam einzunehmen. Um 20 Uhr, wenn die Kinder im Bett waren, konnte ich noch in Ruhe bis 23 Uhr arbeiten.

Können Sie dann noch gut schlafen?

Wie ein Baby.

„WER NICHT ALT WERDEN WILL, MUSS JUNG STERBEN. IST DOCH AUCH KEINE LÖSUNG“

„ICH LIEBE ZAHLEN ÜBER ALLES“

ISOLDE WÖRDEHOFF

geboren *12. März 1942 in München*
Beruf *Börsenfachfrau und Pilotin*

Der Traum vom Fliegen reizt die Menschen seit jeher: Sich wie ein Vogel erheben können, losgelöst von der Erdenschwere schweben. Die Sehnsucht nach Freiheit ist wohl der Grund. Diese Sehnsucht, der geradezu unbändige Freiheitsdrang treibt die 17-jährige Isolde in die Fliegerei. Schon Ende der 50er Jahre entdeckt sie in der Luft ihr Lebenselixier und das Wunder der besonderen Perspektive: Die Welt von oben sehen und die Schönheit der Erde bewundern. **ISOLDE WÖRDEHOFF** ist Segelflug-, Motorsegler-Pilotin, Fallschirmspringerin, insgesamt fünfmal gewinnt sie die Deutschen Meisterschaften der Frauen. Rund 3000 Stunden, mehr als das Doppelte des Üblichen, hat sie in der Luft verbracht: „Das ist viel Lebenszeit." Sie sitzt als erste Frau im Vorstand und Präsidium des Deutschen Aero-Clubs, vertritt diesen im Deutschen Sportbund und vor dem Sportausschuss des Bundestags. Für ihr Engagement erhält sie neben anderen Auszeichnungen das Bundesverdienstkreuz. Seit 2009 ist sie im Deutschen Museum in München, dem größten Technik-Museum der Welt, Vorstandsvorsitzende des Freundes- und Förderkreises, der bereits Millionen an Spenden zum Erhalt des Hauses und seiner Schätze gesammelt hat. Isolde Wördehoff wird am 12. März 1942 in München geboren. Sie absolviert eine Banklehre, weil sie Zahlen liebt, und macht als Skontroführerin im Parketthandel Karriere. Seit 46 Jahren ist sie mit einem flugbegeisterten Westfalen verheiratet. Das Paar hat einen Sohn und zwei Enkeltöchter. Die Wördehoffs leben in Bad Heilbrunn am Alpenrand in der Nähe des Flugplatzes Königsdorf, eines großen Segelflugzentrums südlich von München.

Mindestens einen Start pro Woche will Isolde Wördehoff absolvieren, schon um in Übung zu bleiben. Aber meist werden es sogar zwei. Einfach, weil es so schön ist. Das klingt wenig, ist aber viel, wenn man bedenkt, dass Segelfliegen wetterabhängig und ein halbes Jahr lang, im Winter bei Schnee, unmöglich ist. In den verbleibenden rund 26 Wochen kommt sie heute auf ungefähr 50 Stunden Segelflug plus 20 Stunden Motorsegeln im Jahr. Das klingt wieder wenig, ist aber sehr viel. Der Gesetzgeber schreibt für den Besitz des Flugscheins gerade mal 15 Flugstunden und 12 Starts in zwei Jahren vor. Dazwischen liegen Welten und eine Passion.

Und eine naturwissenschaftliche Begabung. „Die ganze Fliegerei ist Physik", konstatiert Isolde Wördehoff. „Man muss sich seine Thermik zum Antrieb und Auftrieb ja selber suchen. Über einem Kornfeld steigt im Sommer warme Luft auf, auch über einem Sandgebiet. Über Wäldern und Seen ist es eher schlecht. Ein akustisches Signal zeigt an, ob man steigt oder sinkt. Und es ist die Kunst, dass man den Aufwindschlauch so zentriert, dass man Höhe gewinnt und dann auf Strecke geht. Das ist permanente Arbeit, und man muss die Bodenbeschaffenheit genau interpretieren." Aber zur Belohnung gibt es das ehrfurchtgebietende Erlebnis, die Welt von oben betrachten zu können. Beim Motorsegeln ist ihr Mann dabei, und die beiden teilen sich die Aufgaben und die Freude. Große Flüge etwa durch Frankreich und Spanien haben sie gemacht. Das Höchste der Gefühle für das Paar sind aber die Flüge vom Heimatflugplatz in die nahegelegenen Alpen.

Für die Frau mit Flugzeugen im Blut war es ein Ärgernis, als sie feststellte, dass im Deutschen Museum die Luftfahrtabteilung als eine der wenigen Abteilungen keine Führungen anbot in der neuen, beliebten Reihe „Frauen führen Frauen". Das war 1990, sie engagierte sich in dieser Zeit im Luftsportverband Bayern. „Wir haben keine Frau, die das kann", beschied man sie bei ihrer Anfrage, und Isolde Wördehoff ärgerte sich noch einmal. Da sie niemanden für diese Aufgabe fand, machte sie es eben selbst und bekam dadurch die Chance, hinter die Kulissen des bedeutendsten naturwissenschaftlichen Museums der Welt zu blicken. Vor mehr als 100 Jahren von Oskar von Miller gegründet, präsentieren die Sammlungen auf 50 Gebieten mit 18 000 Exponaten die Höhepunkte menschlichen Forschungsdrangs. Als Vizepräsidentin des Deutschen Aero-Clubs hatte ihr Wort Gewicht, und ihr Antrag beim Weltluftfahrtverband, das Deutsche Museum in die Reihe der „Recommended Museums" aufzunehmen, wurde angenommen. Eine große Auszeichnung. 1998 wurde sie wegen dieses Engagements Mitglied des Kuratoriums des Museums und eine wertvolle Strippenzieherin. Bis sie als Vorstandsvorsitzende des Freundes- und Förderkreises zum Erhalt des notorisch klammen Museums ins finanzielle Nervenzentrum einrückte. 300 Mitglieder zählt der Förderkreis dank ihrer Initiativen heute, darunter 31 Großunternehmen und Privatpersonen, die mit ihren Spenden notwendige Baumaßnahmen wie neue Dächer und Fassaden oder die „Zukunftsinitiative" fördern; das ist eine Spardose für die bevorstehende große Renovierung. Die Vorsitzende verführt die Mitglieder durch attraktive Veranstaltungen, exklusive Reisen oder ein Sommerfest mit Turmauffahrt, um ihnen Geld aus der Tasche zu locken. Für einen wunderbaren Zweck. „Da muss man kreativ sein, um heute noch Anreize bieten zu können." Die Vorsitzende vertritt ihre Philosophie mit Überzeugung. Und sie kann mit Geld umgehen.

Die Naturwissenschaften, Zahlen, Analysen, Technik – das sind die besonderen Talente von Isolde Wördehoff. Die Tochter eines einfühlsamen, sportlichen Vaters und einer ängstlichen Mutter muss ein schwieriges Kind mit überraschenden Ideen gewesen sein. Sie spielte Klavier und las Bücher, mit 15 nahm sie jedoch eigenständig Kontakt zu einem Krankenhaus in Island auf und wollte nur eins: weg! In die Welt! Ihr Freiheitsdrang brach durch. Sie wurde rechtzeitig erwischt: „Das haben sie mir vermasselt", lacht sie. Auch die nächste Idee torpedieren die Eltern. Die 16-Jährige sucht beim amerikanischen Konsulat um ein Visum für die Vereinigten Staaten nach, um eine tolle Tante zu besuchen. Die galt aber als Luftikus,

„Der liebevolle Umgang mit ihrem Fluggerät zeugt von der großen Leidenschaft der Sportlerin Isolde Wördehoff." *(Konrad Rufus Müller)*

„ES HAT SICH IMMER ETWAS POSITIVES GETAN. ERST WAREN DIE FRAUEN IN DEN 40ERN ‚IN', DANN DIE 50ER UND JETZT DIE 60ER. ICH GLAUBE, WIR SIND IMMER ‚IN'."

aus dem feinen Plan wurde nichts. Auch das Abitur war nicht drin für die beiden Schwestern, dazu reichte das Geld nicht.

Der Vater verstand sein Kind jedoch und nahm es mit auf den Flugplatz in der Fröttmaninger Heide im Norden von München. Er traute ihr was zu. Fliegen! Wow! Ein Volltreffer für das junge Mädchen: „Da lag die Welt offen."

Sie sparte, um in die Luft gehen zu können. Auch die Berufswahl, nicht so einfach für eine 16-Jährige mit mittlerer Reife, erwies sich als ideal. Die Banklehre führte sie in die Welt des Kapitals, der Aktien und Zinsen. „Und plötzlich, das kann man sich heute überhaupt nicht mehr vorstellen, hatte ich keine Bedürfnisse mehr, auch nicht, das Abitur nachzumachen. Ich bin sehr gefördert worden von meinem Chef und schon in meinen Anfängen an die Börse gekommen. Mittags bin ich von der Bank zur Börse gelaufen. Das war damals Auszeichnung pur. Ich habe das immer als Geschenk empfunden." Freiheit, die ich meine. Als sie mit 25 einen Diplom-Ingenieur, einen rothaarigen 1,90-Meter-Hünen aus Westfalen, heiratet, sehen ihre Schwiegereltern sie scheel an: „Du arbeitest …? Kann dich unser Jürgen nicht ernähren?" Und wenn Besuch da war, sollte sie nichts von ihrem Beruf erzählen. Wir schreiben das Jahr 1967! Ihr Weg ging nach oben. Der Sprecher der Kursmaklerkammer, ein amtlicher Kursmakler, bot ihr einen Einstieg, und sie wurde Skontroführerin, ohne die die Makler nicht agieren konnten. „Alles ging noch per Hand, es wurde im Kopf gerechnet. Skontroführen bedeutete, die Kauf- und Verkaufsorders so in die Reihe zu bringen, dass ein amtlicher Kurs erstellt werden konnte. Eine hochqualifizierte Arbeit, die mir wahnsinnig viel Spaß gemacht hat."

Nach der Geburt des Sohnes pausiert sie einige Jahre, wird aber immer wieder gefragt, ob sie nicht wieder einsteigen wolle. Nach ihrer Rückkehr macht sie die Börsencrashs von 1987, 1992 und 2000 mit. Die ganze dramatische Entwicklung. Mit 60 ist dann endgültig Schluss, nach zehn Jahren im Rentenhandel, also mit festverzinslichen Papieren, der damals noch Parketthandel war. Da hat sie regelmäßig für die Fernsehnachrichten aus der Börse in München berichtet. Ihre Kollegen waren zwischen 25 und 30. „Ich bin mir dann alt vorgekommen, und deshalb war der Abschied leicht und ohne Trauer. Ich habe den Zeitpunkt so gelegt, dass er in den Sommer fiel, in die Zeit, wo ich fliegen kann."

Carpe diem, nutze den Tag, ist einer ihrer Leitsätze. „Ich weiß doch nicht, ob es mir in fünf Jahren gesundheitlich noch genauso gut geht wie heute. Und das bezieht sich nicht nur aufs Fliegen. Aber meine Sportart erfordert schnelle Reaktion und absolute Konzentration. Also gehe ich an jedem schönen Tag fliegen. Man wird demütig, was das Lebensalter anbelangt. Wer gibt mir das Recht zu sagen, ja, wenn ich heute nicht dazu komme, dann mach ich es eben morgen? Darum nutze ich das Heute. Da ist eine Veränderung vorgegangen."

Ach ja? Isolde Wördehoff und ihre langjährige, gleichaltrige Freundin Heidi, mit der sie gemeinsam älter geworden ist, amüsieren sich über tiefsinnige Betrachtungen zum Thema. Sie haben die Erfahrung gemacht, dass sich immer was Positives getan hat: „Erst waren die Frauen in den 40ern ‚in', dann die 50er und jetzt die 60er. Ich glaube, wir sind immer ‚in'."

„WIR KÖNNEN JA NOCH DIE WELT BEWEGEN“

Prof. Dr. Dr. EDITH HULAND

geboren *18. Juni 1952 in Ulm*
Beruf *Krebsforscherin*

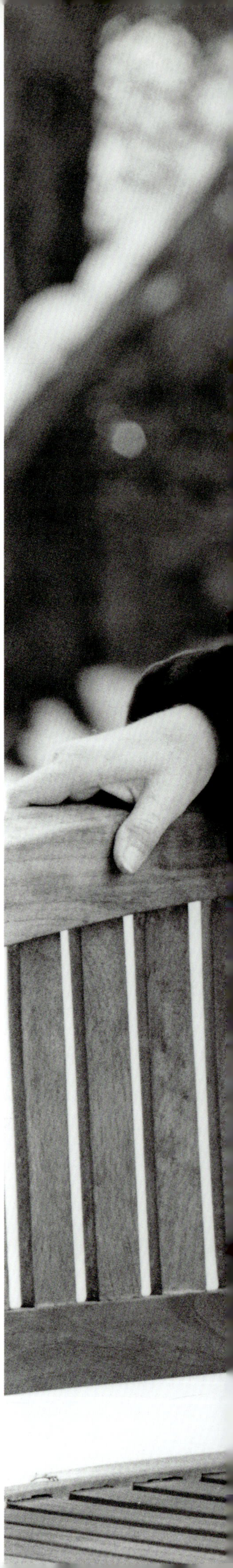

Forschen und Lernen, das ist für **EDITH HULAND** existenziell: „Ich lese liebend gern wissenschaftliche Literatur. Ich finde das spannend." Dieses Engagement hat zu je einem Doktor in Kinderheilkunde und Zahnmedizin geführt und zu einem Professorentitel in der Krebsforschung. Edith Huland, die temperamentvolle Frau mit der weißen Mähne, ist Immunologin und Expertin für Tumor-Therapie. Sie kennt die heilende Wirkung eines körpereigenen Immun-Hormons, das bestimmte Tumoren schmelzen lassen kann „wie Butter in der Sonne". Die übliche Anwendung des Wirkstoffs jedoch, er heißt Interleukin 2, verursacht oft schwerste Nebenwirkungen, selten sogar bis hin zum Tod. Die leidenschaftliche Forscherin findet in Experimenten heraus, dass der Wirkstoff ohne Gefahr sogar besonders gute Erfolge herbeiführt, wenn er direkt an den Tumor gegeben, also individuell angewendet wird. Diese bahnbrechende Entdeckung spornt sie an zur Entwicklung verträglicher, individueller Therapien mit einem neuen, besonders für diese Anwendungen entwickelten Interleukin 2. Das Ziel ist ein marktfähiges Medikament. Für die Umsetzung gründet sie 2006 in Hamburg ein Biotech-Unternehmen, die Immunservice GmbH. Hier wird jetzt der entsprechende Stoff, wie üblich, in Studien getestet. Das ist ein langer, kostspieliger Weg, an dessen Ende die Zulassung eines Arzneimittels steht. Bestimmt. Da ist sie sich sicher.

Edith Huland wird am 18. Juni 1952 in Ulm geboren als Schwester eines älteren Bruders. Da ihre Mutter aus Norddeutschland stammt, der Vater ein waschechter Schwabe ist, wächst sie „zweisprachig" auf – mit Schwäbisch als erster Sprache. Sie studiert in Berlin und Hamburg und heiratet 1981 einen international bekannten Urologen, Prof. Dr. Hartwig Huland. Sie ist ihm einen Doktortitel voraus. Das Paar hat zwei Kinder, lebt in Hamburg und macht gern Ferien in der Natur.

Seit Edith Huland ihre Firma gründete, hat sich manches verändert. Acht-Stunden-Tage fand sie schon immer exotisch kurz, aber jetzt, als Unternehmerin, fließt ein großer Teil ihrer Zeit in artfremde Aktivitäten: Akquise, das bedeutet, Fördermittel vom Bund mobilisieren, Investoren suchen und Kooperationen in der Pharma-Industrie aufspüren, die ermöglichen, Therapien und Anwendungen zu entwickeln. „Ich weiß, dass man Krebs heilen kann über das körpereigene Immunsystem. Wenn man das weiß, dann muss man es doch machen!" Mit dieser Überzeugung verließ sie die Universität, die Entwicklung von Arzneimitteln ist in staatlichen Institutionen wegen Finanzierung und Struktur nicht möglich und die Firmengründung deshalb zwingend. Das Kapital für Innovationen sitzt in der Industrie. „Wenn ich es nicht weiterverfolgt hätte, wäre der Gedanke versandet, eine kurative Therapie wäre nicht weiterverfolgt worden, vor allem wegen Geldmangels und fehlender finanzieller Initiativen. So wie möglicherweise viele andere Therapieansätze auch, man kann es kaum glauben. Das ist die aktuelle bittere Realität. Aber wenn ich mal krank bin oder Patienten betreue, will ich diese Therapie verfügbar haben. Und da kann ich nicht guten Gewissens aufhören und mich zur Ruhe setzen." Ein eiserner Wille verleiht Kraft für die Herkulesarbeit: „Interleukin 2, inhaliert, hilft wahrscheinlich nicht nur bei Lungenkrebs, es bietet auch Chancen bei Virusinfektionen, zum Beispiel bei Grippe-Epidemien. Er stärkt das Immunsystem. Warum bekommen ältere Menschen leichter Infektionen als 40- oder 50-Jährige? Weil das Immunsystem nachlässt. Das könnte man wahrscheinlich anheben."

Die 61-Jährige sprüht vor Energie. Ihre Forschungsergebnisse können heilen helfen und nicht nur Leben verlängern. Ein großer Unterschied: „Man muss ganz nach oben greifen. Das Ziel heißt heilen." Eine laufende Studie an Pferden, eine Vorstufe für die Arzneimittelentwicklung der Virustherapie, betreut ihr Forscherteam und sie selber. Untersuchungen finden im eigenen Labor statt. Auch hier liegt das Geheimnis in Anwendung und Dosierung. Die vom Virus befallenen Pferde leiden unter den schnell wachsenden Tumoren, die überall, oft auch an Augen oder Maul, auftreten. Hier lassen sich sogar schon Therapieerfolge erkennen, der Wirkstoff wird in den Tumor gespritzt. Die Studien werden über die Jahre weiterentwickelt. Natürlich fällt inhaltliche Arbeit in einem eigenen Office an, ein weiteres Büro in der City hält Konferenzräume bereit, Labors im Universitätskrankenhaus Hamburg-Eppendorf, dem UKE, dürfen genutzt werden, regelmäßige intensive wissenschaftliche Lektüre oder Termine wie das Treffen „Junger Unternehmer" sind jetzt Pflicht. Daran nimmt sie unbefangen teil, weil ihr Unternehmen ja jung ist. Nur sie selber ist doppelt so alt wie die „jungen" Unternehmer. Eine interessante Erfahrung. Nur - der Tag hat zu wenig Stunden.

Diese absolute berufliche Priorität im Leben ist nur mit einem Mann zu vereinbaren, der seinen Beruf genauso begeistert betreibt und es, wie bei Hartwig Huland, zu genialer Operationskunst gebracht hat. Er arbeitet genauso viel. Da hat man füreinander Verständnis, weil man das Thema kennt. Hulands genießen den intensiven fachlichen Austausch und zollen sich gegenseitig tiefen Respekt. „Wenn Hartwig auf einem anderen Gebiet beschäftigt gewesen wäre, hätte es kaum funktioniert mit uns", das sieht Edith Huland klar. Manchmal trifft sich das Paar abends zu Hause, und jeder zieht sich nach einem vollen Arbeitstag in sein Zimmer zurück, der eine, um an einer Rede zu feilen, Laborergebnisse zu überdenken, der andere, um einen Kongress in Amerika vorzubereiten. Oft wird aber auch nur abgeschaltet, und es gilt wissenschaftsfreie Zone mit Erholungsfaulenzen.

Die junge Edith sollte noch nicht mal Abitur machen. Ihr Vater war Maschinenschlosser, die Mutter eigentlich Kauffrau, hatte aber in der Ehe der Eltern die klassische Rolle der Hausfrau. Beide Eltern hatten kein Abitur. Auch deshalb gab der Lehrer keine Oberschulempfehlung ab, auch keine Mittelschulempfehlung. Schlimmer noch, er riet ab. Es käme ja niemand in Frage, der bei den Hausaufgaben helfen könne! Das würde doch nichts! Edith heizte ihrer Mutter tüchtig ein, die wie eine Löwin für ihre Kinder kämpfte und schließlich einen Mittelschulbesuch durch-

drückte. „Aber ich wollte Medizin studieren!" Edith ließ nicht locker, doch auch nach guten Leistungen gaben die Lehrer nicht nach: Abitur no! Ihr Vater fand die Diskussionen „exzentrisch". Er dachte, was soll ich mit einer Tochter, die Abitur hat, aber keinen Beruf? Sie wird doch eh jung heiraten. Eine Lehre wäre wichtig. Natürlich setzte sich die Tochter durch und schaffte zwar das Abitur, aber keine Note, die ihr einen sofortigen Studienplatz sicherte. Ein Semester später als gewünscht begann sie in Berlin das ersehnte Studium. Mit Bafög und diversen Jobs, weil die Eltern das Geld nicht aufbringen konnten.

Die universitäre Ausbildung reizte sie aus zwei Gründen: „Damit verdienst du immer so viel, wie du brauchst. Ich wollte nie reich werden, aber ich wollte nicht, wie meine Eltern, oft am Monatsende nicht wissen, wovon in den nächsten Tagen Miete und Essen bezahlt werden könnten. Diesen Wahnsinnsdruck, den wollte ich los sein. Es ging mir aber auch um etwas anderes, mir macht Bildung Spaß. Bildung hat einen doppelten Wert. Einmal verdienst du immer genug Geld, aber du hast auch ganz andere Möglichkeiten, Dinge zu beurteilen. Du denkst auf einer anderen Ebene. Also wenn jemand versucht, sich neu zu definieren, dann geht das nur über Ausbildung. Dann ist dir nie langweilig. Und es ist nie verlorene Mühe. Ich habe so viele Ideen für Therapien und für Verbesserungen. Und das kannst du nur, wenn du dauernd die neueste wissenschaftliche Literatur liest."

Sie entscheidet sich für Kinderheilkunde, „weil man da noch den entscheidenden Plopp machen kann. Dinge, die heilen. Das geht in einem bestimmten Alter bei vielen Krankheiten nicht mehr. Da gilt es, Leben zu verlängern. Ich will ganz nach oben greifen. Ich will heilen!" Daraus resultiert während der Behandlung einer Lippen-Kiefer-Gaumen-Spalte bei einem Kind eine neue Faszination. Sie studiert Zahnmedizin, promoviert erneut und landet in der Forschung. „Ich habe damals bei mir festgestellt, ich will nicht in die Praxis, ich will weiter Wissenschaft machen und forschen. Das hat mich am meisten gefesselt." Immunzellen und Zellkulturen werden ihr Kosmos. Dazwischen wird sie schwanger: Sohn David meldet sich völlig unpassend mit heftigen Wehen, als seine Mutter eine spezielle Prothese anpassen soll. Sie wird zwei Monate lahmgelegt wegen arger Komplikationen, den Zahnersatz bastelt ein Kollege. Später entschuldigt sie sich dafür bei der Patientin: Musste erst mein Kind bekommen. Nach einer Geburt durch Kaiserschnitt verbringt sie einige Wochen im Krankenhaus. Endlich zu Hause, ist sie hauptberuflich in David verliebt. Aber nach ein, zwei Monaten stellt sie fest, „das ist keine Dauerlösung für mich".

Allmählich verändern sich die Verhältnisse: „Ich hatte einen unglaublich emanzipierten Mann, der sich selber organisierte. Ich war und bin da sehr verwöhnt. Er ist wirklich autark. Aber als ich immer verfügbar war, ergab sich für mich mit einem Mal der Part der Aufgaben, die einen beruflich nicht weiterbringen, sondern eher bremsen. Und wenn du einmal völlig raus bist, kannst du nicht jederzeit wieder rein. Da verändert sich zu viel, das holt man nicht mehr ein."

Kinderfrauen kommen ins Haus, Teilzeit ist angesagt. Drei Jahre später kommt Töchterchen Chrissie dazu. Zwei Kinder stellen die Karriere-Eltern vor ungewohnte Herausforderungen. „Manchmal haben wir Weihnachten am 12. Dezember gefeiert. Wir waren ja beide oft an Wochenenden, Nächten, Tagen im Einsatz, durch laufende Versuche, Diensteinteilung. Die Nachbarn fanden es schrill, wenn bei uns schon Weihnachtslieder gesungen wurden. Aber wir haben das durchgezogen und Weihnachten 14 Tage vorverlegt und früher mit den Großeltern gefeiert, damit alle zusammen sein konnten. Ausfallen lassen kam nicht in Frage, und dann hatten die Kinder eben schon ihre Geschenke und erzählten in der Schule davon."

Die organisatorischen Probleme des Ehepaars werden nicht kleiner. Ganztagsschulen gibt es nicht zu jener Zeit in Hamburg, allein die Frage danach gilt als ein bisschen asozial. Sind Sie eine Rabenmutter? Ein Wort, das im Französischen nicht existiert. Trotzdem wird das schlechte Gewissen geweckt. Die Internationale Schule ist die damals einzige Lösung. Da werden die Schüler bis 15 oder 16 Uhr betreut. Aber nicht jeder darf hin. Durch eine kleine Notlüge wird diese Klippe umschifft. Ausländer ist keiner

„ES IST WICHTIG FÜR DIE KINDER, EINE MUTTER ZU HABEN, DIE IHNEN EIN NEUES ROLLENBEISPIEL GEBEN KANN."

in der Familie, aber ein mehrjähriger künftiger Auslandsaufenthalt für jeden von beiden durchaus denkbar. „Uns war nur nicht klar, dass beide dann in Amerika studieren würden. Das ergab sich fast zwingend, weil die Amerikaner ein Jahr vor dem Abitur Universitätsplätze ausschreiben. Die Kinder bewarben sich, bekamen eine Zusage und wollten nicht riskieren, zu warten, sich bei einer deutschen Uni zu bewerben und dann möglicherweise den Platz nicht zu kriegen. Unser Sohn ging mit 18 in die USA, unsere Tochter mit 17, sie hatte noch nicht mal den Führerschein. Beide waren weg, viele Flugstunden weit weg. Chrissie in Sarasota, Florida, wo sie Computeranimation studiert hat – völlig aus der Art gefallen –, und David in Ithaca an der kanadischen Grenze. Er macht jetzt nach seinem Biologiestudium Biomedical Engineering und entwickelt ein Mikroskop, mit dem man in lebendes Gewebe gucken kann, also während einer OP feststellen kann, ob noch Krebszellen da sind oder tiefer geschnitten werden muss. Da saßen wir nun allein zu Haus, guckten uns an und fragten, wie ist das jetzt passiert?"

Trotz schlechten Gewissens hin und wieder, trotz des Drucks der Doppelbelastung, der Sorge, den Kindern etwas wegzunehmen an Aufmerksamkeit, glaubt Edith Huland auch an einen positiven Effekt: „Es ist wichtig für die Kinder, eine Mutter zu haben, die ihnen ein neues Rollenbeispiel geben kann. Das ist auch für einen selber wichtig. Wir bauen ja auf unheimlich dicken Mauern, mit dem, was wir alles an Ausbildung haben. Ob man immer so viel arbeiten muss, wie ich das getan habe, weiß ich nicht. Ich gestehe, dass ich mir andere Lebensentwürfe, die ein bisschen entspannter sind, heute durchaus manchmal vorstellen kann. Aber das, was ich erkannt und deshalb angefangen habe, muss ich ordentlich zum Abschluss bringen."

Vorbilder müssen her: „Wir müssen den jungen Frauen von heute zeigen, wo wir hingehen können und wo sie auch hinkommen können. Und dass das glücklich macht. Wir sind die Leuchttürme, die das demonstrieren. Und nicht nur im Fitness-Studio, wo Omas mit Silberlöckchen auf dem Crosstrainer turnen. Wenn ich die sehe, freue ich mich. Eine Firmengründung, wie ich sie gemacht habe vor sieben Jahren, als ich auch schon über 50 war, hätte sich früher vielleicht keiner getraut. Aber solange es einem körperlich gutgeht, warum nicht? Wir können ja noch wirklich die Welt bewegen. Und manches kann man sogar besser als früher. Man wird mit den Jahren zäher und durchsetzungsstärker. Keine schlechten Eigenschaften für Frauen in Führungsrollen!"

Angst vorm Alter? „Ich habe nicht das Gefühl, dass jemand nicht mit mir redet, weil ich älter bin. Das Leben ist mit 60 bestimmt nicht zu Ende. Das ist eine Beruhigung für die Generation nach uns. Aber Bildung gehört dazu. Man braucht eine Aufgabe und muss auch mal was Neues machen. Ich muss mich ständig auseinandersetzen. Wenn ich versuche, für meine Firma Geld einzuholen, dann ist das keine pure Freude, sondern oft schmerzmittelpflichtig. Und manche Leute sind auch gar nicht nett zu mir. Das ist vor- und nachteilhaft. Auf jeden Fall hat es den Vorteil, dass man jung bleibt und beweglich im Kopf. Man kommuniziert auf einer Ebene, wo es auf den Kopf ankommt. Da kann einer noch so schön sein, wenn er strohdumm ist, erledigt sich die Anziehung nach spätestens zehn Minuten. Attraktivität findet wirklich im Kopf statt."

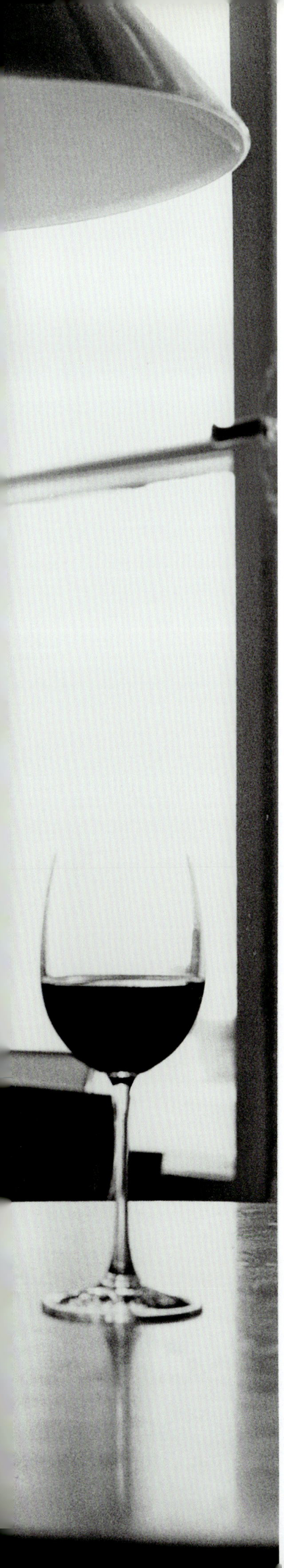

„ZU MEINER FAMILIE HABE ICH DIE INNIGSTE VERBINDUNG“

Uta Blume

Dr. UTA BLUME

geboren *9. Juli 1948 in Paderborn*
Beruf *Kunsthistorikerin*

Holperig war ihr Weg und verlangte ihr viel Kraft und Überwindung ab. Manchmal fast zu viel. Denn wenn eine schwere Krankheit schon früh die Endlichkeit des Daseins vor Augen führt, geht die Angst nie weg. Aber es gibt ein Happy End.
UTA BLUME wird am 9. Juli 1948 in Paderborn geboren. Das Umfeld zu der Zeit ist provinziell eng und erzkatholisch. Ihre Eltern sind äußerlich ein attraktives Paar, die Ehe aber ist zerrüttet und wird geschieden. Bloß weit weg von zu Hause – Uta studiert in Freiburg Kunstgeschichte und heiratet. Mit 28, da ist ihre Tochter gerade ein halbes Jahr alt, erleidet sie aufgrund eines genetischen Defekts einen schweren Schlaganfall und liegt sechs Monate im Krankenhaus. Mühsam kämpft sie sich zurück ins Leben.
Heute bewertet sie als Kunsthistorikerin für Versicherungen Gemälde, Skulpturen oder Möbel, schätzt den Wert von privaten Sammlungen und Nachlässen. Mit ihrem zweiten Mann lebt sie in München. Sie hat eine Tochter und zwei Enkelinnen.

Tja, ist es ein Rembrandt oder ist es keiner? Diese Frage beschäftigt Uta Blume gerade. Wäre es einer, hätte die Kunstwelt eine Sensation. Im Safe einer italienischen Bank ruht ein rätselhaftes Gemälde. Sein Besitzer, ein Sammler, der in finanzielle Schwierigkeiten geraten ist, muss diesen Schatz verkaufen. Es geht um viel Geld und um das Werk eines Alten Meisters. Aber hat er es wirklich gemalt? Die Fotos, Dokumente und Expertisen unterschiedlicher Fachleute, die Uta Blume bis jetzt gesehen hat, schüren Zweifel, weil die Provenienz des Porträts noch unklar ist. Im nächsten Schritt muss sie das Gemälde ansehen, und wenn sie zu der Überzeugung kommt, es handele sich um einen Rembrandt, nach Amsterdam ins Rembrandt-Institut fahren und von den Experten dort beurteilen lassen. Dies ist die oberste Instanz. Erst dann kann das Bild auf einer Auktion versteigert werden. Ein Krimi, nicht nur für Fachleute. „Ja, das macht Spaß." Uta Blume ist eine zurückhaltende, zarte Frau, die ihre Aufregung unter Kontrolle hält. Dennoch, was für eine Chance, dieses Geheimnis zu lüften.

Manchmal sind Erben eher zufällig an große Kunst geraten, wie ein Ehepaar in Hessen, das Gemälde des Expressionisten und Mitbegründers der Künstlergemeinschaft „Brücke" Karl Schmidt-Rottluff (gestorben 1976 in Berlin) besitzt. Der Vater des Verkäufers war Arzt in Berlin, Schmidt-Rottluff sein Patient und arm wie eine Kirchenmaus. Er schenkte dem Arzt aus Dankbarkeit einige wunderbare Bilder, die jetzt geschätzt werden sollen. Ein anderer Fall. Für eine alte Dame, die in ihrem Haus mit vielen museumsreifen Stücken lebt, soll das Inventar begutachtet und teilweise verkauft werden.

Der Beruf, der Umgang mit kostbaren, schönen Dingen ist Teil des Happy Ends in Uta Blumes Leben. Es ist das, was sie sich selber geschaffen hat. Der andere, der private Teil, hat auch mit Glück zu tun. Die Anfänge waren so schwer. Zuerst musste sie sich befreien aus dem kleinstädtischen Paderborn der Nachkriegszeit. Ihre Eltern waren aus Leipzig geflohen und mit den beiden Töchtern als eine der wenigen Familien im Ort evangelisch. Aber in der Schule durften die Mädchen manchmal nicht neben ihren Freundinnen sitzen, weil sie eben nicht katholisch, sondern evangelisch waren. Ein Makel. Ihr Vater arbeitete als Vertreter für eine Firma, die Neon-Installationen herstellte. Für die Werbung in den 50er, 60er Jahren ein Novum, und ihr Vater war sehr stolz auf seine Anlagen, die er beim Spaziergang durch die Stadt gern zeigte. Er war großzügig, kaufte seinen beiden Mädchen gern hübsche Kleider, die sie sich wünschten, aber leider kein guter Geschäftsmann, und irgendwann fiel das Kartenhaus in sich zusammen. Als Uta schon in Freiburg studierte, zerbrach die Ehe der Eltern. Uta war entsetzt und eilte nach Hause. Sie unterstützte ihre Mutter bei der Trennung und half ihr, einen Job als Kindererzieherin bei den Blinden zu finden, der ihr ein eigenständiges Leben ermöglichte.

In Freiburg lernt Uta einen Studenten der Betriebswirtschaft kennen. Sie verliebt sich in ihn und hofft inständig auf ein harmonisches Zusammenleben. Sie wird schwanger, heiratet, beginnt an ihrer Doktorarbeit zu schreiben, hat einen ersten Job in einem angesehenen Kunstauktionshaus, und es scheint, als könnte alles gut werden.

Dann kommt der Schock. Mit 28 hat sie einen schweren Schlaganfall. Wahrscheinlich ist eine damals noch nicht diagnostizierbare, ererbte Blutgerinnungsstörung die Ursache. Das Baby ist gerade ein halbes Jahr alt. Sechs lange Monate liegt sie im Krankenhaus, sechs Monate ist sie weg von ihrem Töchterchen, das sie bis dahin gestillt hat. Uta Blume liegt im Bett und ist verzweifelt: „Ich hatte eine linksseitige Lähmung, aber vor allem auch mein Sprachvermögen verloren. Ich wusste zwar, was ich sagen wollte, konnte es aber nicht formulieren. Als mir das klar wurde, habe ich furchtbar geweint und war so traurig, so traurig. Vor allem, weil ich mein Kind nicht sehen konnte. Diese Zeit hat mein ganzes weiteres Leben geprägt. Die Angst vor einem nächsten Schlaganfall ist immer geblieben."

In diesen Monaten versorgt der Vater gemeinsam mit Utas Mutter die Kleine. Da die Ehe schon vor dem Schlaganfall kompliziert geworden war, beschließt sie, sich von ihrem zu Mann trennen. Dieser Schritt fällt ihr nicht leicht, weil

„NACH MEINER KRANKHEIT WOLLTE ICH SO FIT WERDEN WIE DIE ANDEREN JUNGEN MÜTTER."

sie durch ihre Krankheit menschenscheu geworden ist. „Ich war jung und wollte leben. Ich brauchte zunächst viel medizinische Hilfe, habe aber regelmäßig Übungen gemacht und bin zur Physiotherapie gegangen, sodass sich die Lähmung in eine leichte Spastik gebessert hat. Bis heute gehe ich zweimal in der Woche zur Behandlung. Damals habe ich mich zusammengerissen, weil ich genauso fit sein wollte wie die anderen Mütter, vor allem wegen meiner Tochter."

Nach der Scheidung hat sie ihr Leben selbst in die Hand genommen. Sie wohnt zusammen mit ihrem Kind, das sich wieder an die Mutter gewöhnt hat. Uta ist selig, weil die Kleine nach der monatelangen Trennung anfangs fremdelte und sich von ihr nicht anfassen ließ. Es entsteht eine innige Bindung zwischen Mutter und Tochter. Uta beendet ihr Studium, promoviert bei einem verständnisvollen Doktorvater und bewältigt auch das Rigorosum, die mündliche Prüfung, trotz der lähmenden Angst, dass ihr die Sprache versagen könnte. „Ich wollte beweisen, dass mein Gehirn richtig funktioniert." Der Vater unterstützt die beiden, sodass Uta einen Halbtags-Job in einem renommierten Kunstauktionshaus antreten kann. Sie ist in ihrem Beruf gelandet. Sieben schöne Jahre nehmen ihr ein wenig von der Angst und sorgen für Stabilität.

Uta verliebt sich in einen Münchner Kunstsammler und zieht nach einem langen Anlauf mit ihrer 12-jährigen Tochter zu ihm nach München. Sie schreibt ein Buch über die Stadt Köln. Dann bewirbt sie sich bei der Allianz-Versicherung, die einen Kunstsachverständigen sucht. Beschädigte Gegenstände müssen auf ihren Wert hin untersucht werden, danach richtet sich die Erstattung der Versicherung. Die junge Gutachterin verschafft sich einen Namen, sie bewertet kenntnisreich und fair und hält auch Vorlesungen an der Volkshochschule. Jetzt könnte Ruhe einkehren in ihrem Leben, aber ihre Beziehung kriselt und zerbricht.

Doch dann soll sie für eine große Versicherung eine zerbrochene Jadeschale in Augenschein nehmen. Der Besitzer, ein Anwalt, ist ruppig am Telefon und die Verabredung für die Besichtigung in seiner Kanzlei kompliziert. Nette Augen, denkt Uta, als er sie begrüßt, und sie kommen sofort ins Erzählen. Er spricht von seiner Scheidung, seinen Eltern, merkwürdig, denkt die Gutachterin, dass er mir jetzt sein ganzes Leben hinblättert. Er hat plötzlich auch noch eine Truhe, die bewertet werden soll, und will ihr die Fotos zu Hause vorbeibringen, und sie ist ganz erschrocken. Er lädt sie zum Essen ein, aber das geht alles zu schnell.

Der Herr lässt nicht locker und hat Geduld. „Er hat das mit mir durchgestanden", erzählt sie und von einem Segeltörn mit seinem Sohn und dessen Freundin. „Ich hatte Schwierigkeiten auf dem Boot durch meine Spastik, ich konnte kaum laufen. Mir musste oft geholfen werden, wenn ich an Land ging. Ich habe mich behindert gefühlt und geschämt." Sie fahren an den Gardasee, und da nimmt er sie in die Arme: „Das war nicht das Richtige für dich. Aber vielleicht gefällt dir meine Frage: Willst du meine Frau werden?"

Seit 2005 ist Uta Blume wieder verheiratet. Und das war der Anfang vom Happy End: „Ich fühle mich zum ersten Mal aufgehoben und gleichberechtigt. Wir können etwas ausdiskutieren, ohne dass es zu Bösartigkeiten kommt. Das ist das eine, was mich sehr glücklich macht. Das andere ist, dass meine Tochter sich gut mit ihm versteht und ihren Weg gegangen ist. Sie hat geheiratet und jetzt selber zwei kleine Mädchen bekommen. Zu ihrem Ehemann haben wir ein herzliches, liebevolles, von tiefer Sympathie geprägtes Verhältnis." Auch das berufliche Betätigungsfeld hat sich in den letzten Jahrzehnten verändert und erweitert. Einer der Schwerpunkte ist heute die zeitgenössische Kunst, besonders die Foto-Kunst.

Uta Blume lächelt: „Tatsächlich, da ist es, nach all den Wirren und Kämpfen, mein Happy End."

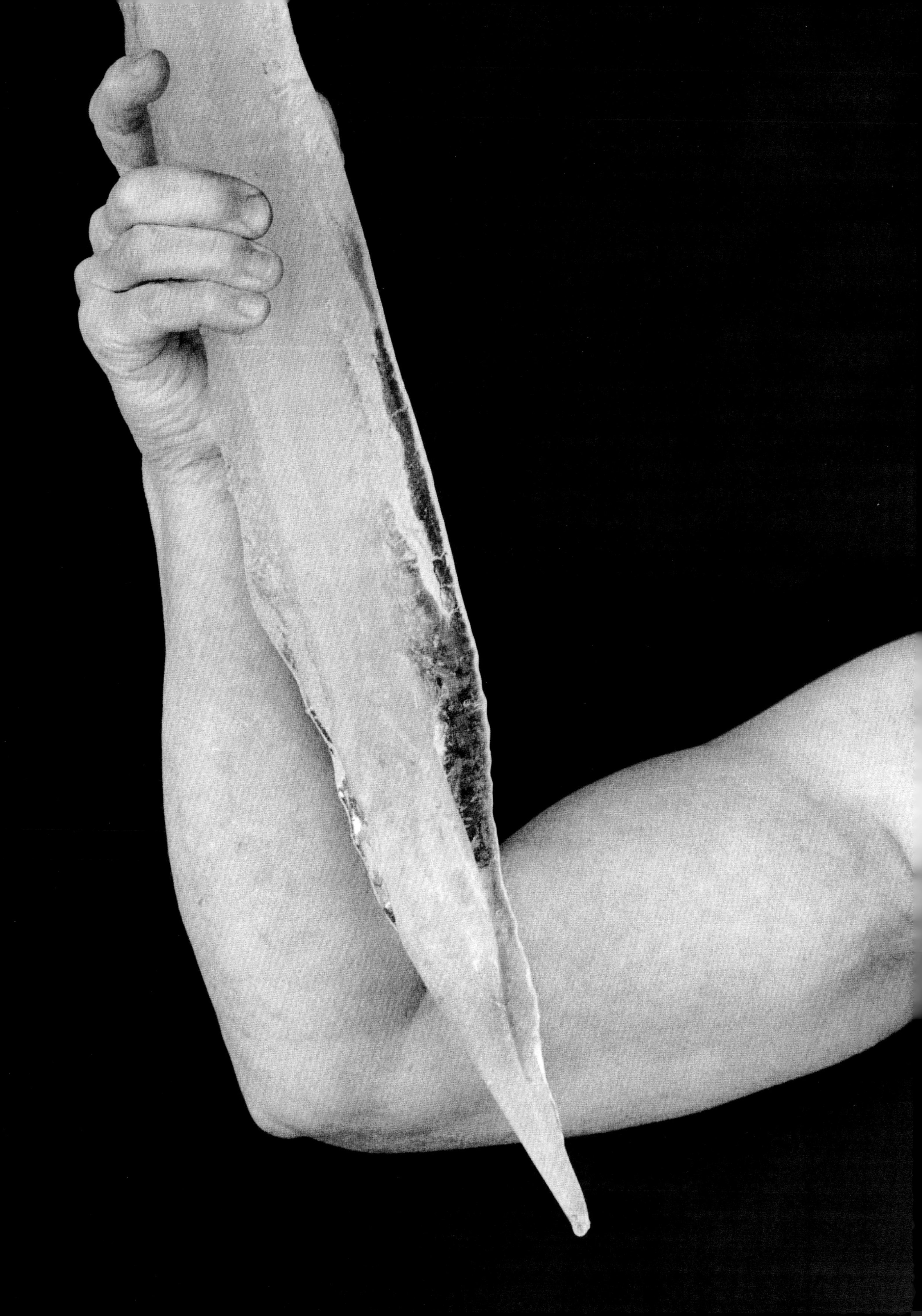

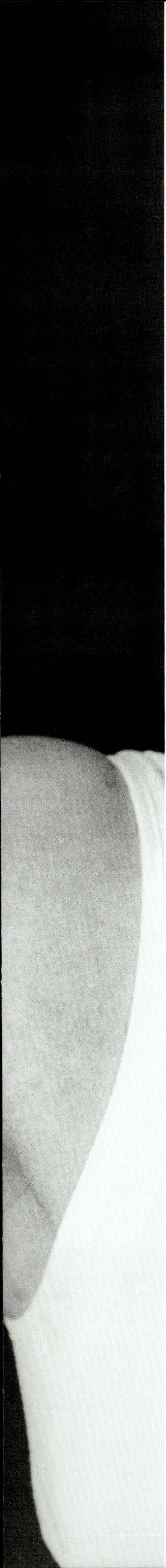

„MEINE KRAFT KOMMT VON INNEN“

JUTTA OERNGREEN-BEHNKEN

geboren *14. Oktober 1948 im Weserbergland*
Beruf *Textildesignerin und Schafzüchterin*

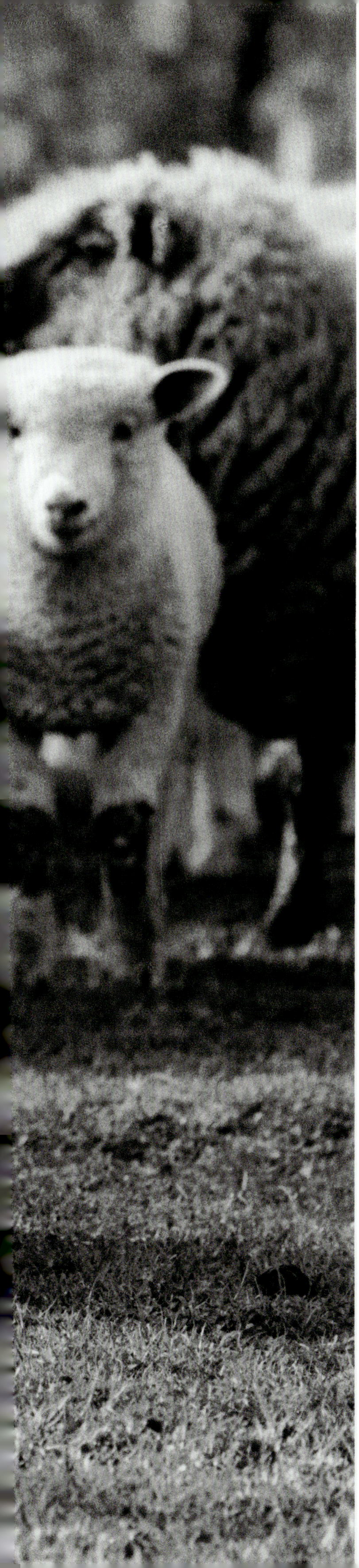

◄ „Der 22. März 2013 war ein schöner, aber ungewöhnlich kalter Tag. Am Wintergarten hingen riesige Eiszapfen. Als ich Jutta fotografierte, stand ich auf dem Eis des Teiches vor dem Haus. Nicht lange, dann versank ich bis zu den Waden im schlammigen Wasser."
(Konrad Rufus Müller)

JUTTA OERNGREEN-BEHNKEN, die Frau mit dem Bizeps eines Bodybuilders, liebt ihren Mann Wolfgang. Aber Tiere liebt sie eigentlich noch mehr. Am meisten Schweine, am allermeisten Katzen, Pferde auch, obwohl sie vor Pferden Angst hatte, Enten, auch Pekingenten, und natürlich Schafe. Das passt gut, denn die starke Jutta ist Chefin eines Schafhofs und überdies mit einem staubtrockenen Humor gesegnet. Über 50 leicht angeschmuddelte Wollhaufen blöken derzeit auf der Hauskoppel.

Zu allen hat sie ein persönliches Verhältnis. Nur waren es in 20 Jahren so viele, dass ihr die Namen ausgehen. Prinzesschen und Tausendschönchen sind längst von uns gegangen, deshalb hören sich Fuzzelmaus, Purzelchen, Fränzchen und Spätzilein wie Verlegenheitslösungen an.

Jutta Oerngreen-Behnken wird am 14. Oktober 1948 im Weserbergland geboren und wächst in Wuppertal auf. Sie studiert Textildesign, entwirft für die Industrie erfolgreich Stoffe, am liebsten aus Seide gewebte Jacquards, und phantasievolle Dekorationen und Geschenke für die Bastelseiten in den Frauenjournalen.

Durch eine Kleinanzeige im „Hamburger Abendblatt" stößt sie mit ihrem Mann auf eine leerstehende, verfallene Reetdachkate in Meddewade, zwischen Hamburg und Lübeck. Es ist Liebe auf den ersten Blick. Und das ideale Zuhause für Tiere. Aber diese Geschichte hatte da noch gar nicht angefangen.

Die Gegend heißt „Stormarnsche Schweiz" und verdient ihren Namen. Sanfte Hügel, typisch für eine Endmoränenlandschaft, wellen sich Richtung Horizont, der hohe Himmel ist ganz weit, im Frühjahr jubilieren neongelbe Rapsfelder, dass der Sommer kommt. Wiesen, Äcker, stille Dörfer, verschlafenes, liebenswertes Schleswig-Holstein. Meddewade hat 800 Einwohner. Die verfallene Reetdachkate hat sich zu einem Kleinod gemausert. Das Reet liegt perfekt wie frisch geföhnt. Rechts neben einem Teich mit Inselchen und Trauerweide, gleich an dem traditionell rundgepflasterten Hof, ducken sich die backsteinroten Ställe für die Schafe. Aus dem Bauerngarten auf der anderen Seite quellen über niedrige Buchsbaumhecken üppige Margeritenbüsche, weiß und gelb, bunte Schmuckkörbchen, Wicken und Rosen neben einer Streuobstwiese mit tiefen weißen Holzsesseln. Der bezaubernde Garten, so interpretiert es kichernd der Ehemann, demonstriert die Entwicklung der Textildesignerin durch das Leben auf dem Lande: Statt Mustern in Seide ist nun Erde das Material. Das sieht schwer nach Maloche aus und nach Muskeln. Jutta Oerngreen-Behnken hat sich ihren eindrucksvollen Bizeps hier in gut 25 Jahren Gartenarbeit antrainiert.

Bei einer Kaffeepause, tief in den Holzsesseln versunken, blickt sie über die gut zehntausend Quadratmeter große Hauskoppel, auf der 50 Mutterschafe weiden oder rumstehen. Nur einfach bloß gucken, das machen Schafe gern. Eine große gelbe Katze quengelt in ihrem geräumigen Käfig, weil sie wegen einer Verletzung nicht raus darf zur Patrouille. Und dann gibt es noch die beiden Pferde, die bei einem Bauern stehen. Ach, es könnte so friedlich sein, so komfortabel wie im Romantik-Hotel, wenn nicht die viele Arbeit wäre. Die Hausherrin macht nämlich alles allein, die Versorgung der Schafe, das Füttern, das Ausmisten der Ställe, den Garten, den Haushalt inklusive Kochen. Lediglich zum Saubermachen gibt es eine Hilfe. Seit einem halben Jahr wohnt auch ihre Mutter mit in Meddewade. Sie kann nicht mehr allein leben. Volles Programm in total entspannter Atmosphäre. „Komm doch mal am Wochenende, dann mach ich eine Lammhaxe."

Was ist passiert, damit eine Frau seidene Stoffe gegen lebende Schafe und deren Mist eintauscht?

Ich bin eigentlich gar nicht ich selber, sondern ich bestehe zur einen Hälfte aus meiner Großmutter Minna, zur anderen aus meiner Großmutter Emilie. Minna war Schneidermeisterin und hatte einen schicken Modesalon in Breslau. Sie war eine elegante Grande Dame, ging gern essen, trank Wein, genoss das Leben und war sehr kultiviert. Oma Emilie, die Mutter meiner Mutter, hat von morgens bis abends nur in der Landwirtschaft und im Stall gearbeitet. Ihr Mann war auch Schneidermeister. Der hieß Wilhelm und stand nicht aus dem Bett auf, bis ihm seine Frau im Schneiderzimmer das Holz im Kamin angezündet, den Kaffee auf den Ofen gestellt hatte und es schön warm war. Dann kam Monsieur die Treppe runter und verbrachte den Tag in seiner angewärmten Schneiderstube. Er war ein guter, angesehener Schneidermeister. Aber die kleine Landwirtschaft hat seine Frau gemacht. Die zwei Kühe wurden angespannt, dann ging es los auf den Acker.

Meine Mutter hat auch Schneiderin gelernt, wir sind also eine Schneider-Dynastie, alles Schneider. Als Kind habe ich bei meinem Großvater unter dem Arbeitstisch gesessen und aus den Restposten kleine Anzüge gebastelt. Nach der Schule habe ich zunächst eine Schneiderlehre gemacht. Also, das ist mir in die Wiege gelegt worden. Das ist meine eine Seite.

Meine andere Seite ist die Liebe zu den Tieren. Die war schon immer da. Als Kind bin ich bis zu meinem vierzehnten Lebensjahr zu meinen Großeltern ins Weserbergland gefahren. Da habe ich sechs wundervolle Wochen Ferien verbracht. Die hatten ein klitzekleines Häuschen, zwei Kühe, fünf Schweine, Hühner und Katzen. Gegenüber wohnte der Bauer Mannshausen, und der hatte auch Schweine. Mein Allerschönstes war, im Stall zu den Sauen zu gehen, wenn die Ferkelchen hatten, und mich dazwischen ins Stroh zu legen. Damals gab's natürlich noch keinen betonierten Spaltboden, sondern einen Stall mit Stroh. Eines Tages kam meine Mutter aus Wuppertal und fragte, ja, wo ist denn die Jutta? Na, die ist bei Mannshausens, guck mal, und da lag ich zwischen den Ferkeln. Also,

„ENTWEDER
MAN STIRBT
FRÜH UND
BLEIBT JUNG,
ODER
MAN MUSS
SEIN ALTER
NEHMEN, WIE
ES KOMMT“

Schweine sind meine Lieblingstiere. Nach den Katzen. Mein Fimmel war schon ziemlich schlimm. Jedes Jahr, auch als ich älter war, habe ich mir zum Geburtstag was von Schweinen gewünscht. Natürlich keinen Schinken! Aber was Gemaltes zum Beispiel.
Als wir gerade hier eingezogen waren, kam eines Tages ein Freund mit einer großen schwarzen Tonne auf den Hof gefahren. Als er den Deckel aufmachte, lag da ein ganz kleines Schweinchen drin. Das wollte ich dir schenken, sagte er. Ich habe es auf den Arm genommen. Erst hat es immer gequietscht und wurde dann ganz still. Wir haben es Schweinchen genannt. Um es kurz zu machen, Schweinchen wurde ein Riesenschwein. Es war ja auch damals schon ein sogenanntes Hybridschwein und ist sechs Jahre alt geworden. Zum Schluss von der Nasenspitze bis zur Schwanzwurzel 2,05 Meter lang und 90 Zentimeter hoch. Es konnte nicht mehr richtig gucken und laufen, weil es so dick war, und an unserem Hochzeitstag hat es meinen Mann in die Hand gebissen, als er vorführen wollte, wie es ihm Äpfelchen aus der Hand frisst. Alle lachten sich scheckig, du bist an deinem Hochzeitstag von einem Schwein gebissen worden. Dabei musste er sich sogar im Krankenhaus behandeln lassen, weil die Hand immer mehr anschwoll.
Wenn Freunde zu uns kamen, fragten sie nie, wie geht es dir, sondern sie fragten, wie geht es Schweinchen? Jedenfalls haben wir es zum Schlachter gebracht in einem Anhänger, in den wir es mit Äpfelchen und Erdnüssen gelockt und vorsichtig reinbugsiert haben. Der Schlachter war zu Tode erschrocken, als er es zu Gesicht bekam. Er hatte noch nie so ein großes Schwein gesehen. Normalerweise werden die ja nicht so alt und mit zehn Monaten geschlachtet. Es konnte aber noch verwurstet werden, und wir haben sogar ein bisschen Geld dafür bekommen. Aber ich wollte das Geld nicht. Ich habe gesagt, Wolfgang, also bitte, dieses Blutgeld nehme ich nicht.

Wann sind denn nun die Schafe eingezogen?
Moment, erst kam doch noch das Pferd! Und dann hatten wir noch Pekingenten! Wolfgangs große Leidenschaft waren Pferde. Er wollte immer ein Pferd haben. Für mich war ein Pferd das schlimmste Tier überhaupt. Es ist einfach zu groß und unberechenbar. Bei einem Nachbarn auf dem Reiterhof haben wir dann sehr hübsche Pferde gesehen, und eines Tages haben wir eben eine junge Stute gekauft. Also, ich hatte wirklich Angst. Aber weil sie so hübsch war, habe ich sie Charisma genannt, denn sie war auch ein wirklich charismatisches Tier.
Eines Tages bin ich mit Schweinchen wieder mal spazieren gegangen. Es musste ja auch mal an die Luft. Und da dachte ich, es könnte vielleicht auch zusammen mit Charisma auf der Koppel rumlaufen. Ich bin vorangegangen, habe Erdnüsse verstreut und gerufen, Schweinchen, komm. Aber das Pferd lief immer hinter dem Schwein her. Wir hatten gerade für das Osterfeuer einen hohen Holzstoß aufgeschichtet, und so lief Schweinchen immer darum herum im – na ja - Schweinsgalopp, das Pferd trabte locker hinterher. Bis Schweinchen irgendwann umfiel und die Augen schloss. Ich dachte, es stirbt. Unser Nachbar kam schnell, warf einen Blick auf den schnaufenden Fleischberg und winkte ab: „Wird schon wieder." Nach ein paar Stunden ist es dann wieder still in seinen Stall getrottet.

Aber die Schafe! Was ist denn nun mit den Schafen?
Jetzt kommen wir zu den Schafen. Also, Charisma sollte angeritten werden, und ich habe mich langsam an das Pferd gewöhnt und sollte reiten lernen. Und da war dann die Koppel frei. Unser Nachbar sagte, schafft euch Schafe an, das sind die besten Rasenmäher. Also haben wir zwei Muttertiere und einen Bock angeschafft. Und dann kamen die ersten Lämmchen, sie waren hinreißend. Die haben wir natürlich behalten und nicht geschlachtet. Und dann wurden es immer mehr. Ihr dürft den Bock nicht behalten, sagte uns jemand, sonst wird das Inzucht. Ihr müßt euch einen anderen Bock anschaffen. So wuchs die Herde allmählich, bis wir in unserer Hochzeit mal 30 Mutterschafe mit fast 30 Lämmern hatten, also ungefähr 60 Tiere. Das war viel zu viel, der Stall wurde auch zu klein. Das war irre. Wahnsinnig viel Arbeit.

„WENN DIE LÄMMER JUNG SIND, MUSS ICH UM SECHS AUS DEM BETT. DAS LETZTE FLÄSCHCHEN GIBT ES UM MITTERNACHT, DAS ERSTE UM SECHS UHR IN DER FRÜH. MINDESTENS SECHS FLÄSCHCHEN PRO TAG."

Gibt es denn keine Hilfskraft für die Schafe?
Nein. Nur einmal im Jahr kommt jemand zum Scheren.

Wie hast du gelernt, Leithammel zu werden? Die Schafe bei Krankheiten, Geburten zu betreuen?
Wer sollte mir das beibringen? Vieles habe ich vom Tierarzt gelernt, z. B. dass die Lämmer nach der Geburt viel trinken müssen. Das muss man genau beobachten. Bei der Geburt fluppt es oft von allein. Manchmal unterstützt mich mein Mann, der ist sehr geschickt, ich kann ihm schon mal die schwierigen Fälle anvertrauen. Er ist mutiger als ich, und wenn die Mutter es alleine nicht schafft oder das Lämmchen nicht richtig liegt und die Pfötchen schon rausgucken, dann kann er es rausziehen.

Wie sieht der Arbeitsalltag einer Schafhof-Chefin aus?
Wenn die Lämmer jung sind, muss ich um sechs aus dem Bett. Das letzte Fläschchen gibt es um Mitternacht, das erste um sechs Uhr früh. Mindestens sechs Fläschchen pro Tag. Aber das geht ja nur eine kurze Zeit. Im Winter ist es oft hart, wenn die Tränke zugefroren ist. Unsere Anlage ist nicht so professionell. Dann muss ich Eimer mit Wasser schleppen.

Was wird aus all den Lämmern?
Teilweise verkaufen wir sie, ein paar landen in unserer Tiefkühltruhe oder in der der Nachbarn. Manchmal bricht es mir fast das Herz, wenn die Lämmer im Herbst abgeholt werden. Dann sind sie etwa zehn Monate alt. Aber ich habe gelernt, mich ein bisschen zu distanzieren, wir können ja nicht alle behalten. Unser Hof ist ein Hobby und kein professioneller Zuchtbetrieb.

Ist das Kümmern das Thema deines Lebens?
Es ist ja nicht so, dass ich blind durch dieses Leben tapere. Die Probleme, die ich jetzt habe, haben andere Menschen meines Alters auch. Ich habe mich 20 Jahre um Wolfgangs Eltern gekümmert, die inzwischen gestorben sind. Nun kann meine Mutter nicht mehr allein leben und lebt bei uns. Man wird schon lange, lange mit dem Altwerden konfrontiert. Das geht jedem so. Und man kommt mit Krankheiten in Berührung. Wenn man Glück hat, wird man selber verschont, aber dann sind es die Freunde. Da hat sich in meinem Denken was verändert. Ich frage mich immer, wo warst du bloß mit deinen Gedanken? Ich nehme das heute bewusst wahr. Ich glaube, früher bin ich mit Scheuklappen durch die Welt gelaufen.

Bedrückt es dich, älter zu werden, beschäftigt dich der Verlust an Schönheit?
Och. Ich erschrecke eigentlich nicht. Obwohl – ich gucke schon hin und denke, oh Gott, hier kriegst du Falten. Vor allem auf der Oberlippe. Das habe ich von meiner Oma und von meinen Tanten, die hatten das auch. Aber ich bin kein Freund von Botox und diesen Spritzgeschichten. Vielleicht lass ich mich zu meinem 65. Geburtstag oder zur silbernen Hochzeit für diesen Auftritt mal richtig aufhübschen. Aber es geht doch noch. Wobei, 65 ist schon schwierig, aber was willst du machen? Entweder man stirbt früh und bleibt jung, oder man muss sein Alter nehmen, wie es kommt.

Geht es Tieren nicht eigentlich genauso?
Natürlich! Mein Pferd zum Beispiel kann gar nicht mehr geritten werden, weil es schreckliche Sehnenprobleme hat. Wolfgangs Pferd ist viel fitter, das reite ich, wenn ich Zeit habe. Aber ich kümmere mich jeden Tag um beide Tiere. Mit meinem Pferd gehe ich auf der Straße spazieren, eben wegen der kaputten Sehnen. Und das ist ganz schön, wir gehen beide schnell nebeneinander her, sodass es für mich echt ein Training ist. Richtig sportlich.

Eigentlich ist die übliche Kombination Ross und Reiter übereinander und nicht nebeneinander…
Ja, aber ich habe mein Pferd aus reinster Liebe gekauft, und jetzt ist es nicht mehr zu reiten, und ich liebe es trotzdem noch. Ein Traumpferd. Es hat sich sehr früh verletzt, schon mit vier, jetzt ist es 18. Es hat sich nie wieder richtig erholt. Nun gehen wie eben zusammen spazieren.

EINE ETWAS ANDERE CHEFIN

CATHERINE VON FÜRSTENBERG-DUSSMANN

geboren *26. Januar 1951 in St. Louis, Missouri*
Beruf *Unternehmerin*

CATHERINE VON FÜRSTENBERG-DUSSMANN ist Chefin der Berliner Dussmann Group, eines Dienstleistungskonzerns. Die Gruppe macht weltweit mit über 60 000 Mitarbeitern in 21 Ländern ca. 1,7 Milliarden Euro Umsatz. Dussmann putzt Züge und Bahnhöfe, reinigt Büros, kocht Mahlzeiten, bewacht Gebäude und betreut Kinder und Senioren.
Am 26. Januar 1951 wird Catherine von Fürstenberg als Tochter eines Rechtsanwalts in St. Louis, Missouri, geboren. Sie hat sechs Geschwister und entstammt dem Nebenzweig einer deutschen Adelsfamilie, die vor Generationen nach Amerika ausgewandert ist.
Sie studiert Literatur, wird Schauspielerin und arbeitet als Designerin. Mit 29 lernt sie in Beverly Hills den Unternehmer Peter Dussmann kennen und heiratet ihn. 2008 erleidet ihr Mann einen Schlaganfall und wird ein Pflegefall. Mit 58 kehrt Catherine von Fürstenberg-Dussmann nach 29 Jahren als Hausfrau und Mutter zurück in die Arbeitswelt und leitet als Nachfolgerin ihres Mannes das Familienunternehmen. Im Herbst 2013 stirbt Peter Dussmann kurz vor seinem 75. Geburtstag.

► „Wie ein filigranes Schiff thront das privates Refugium über den Dächern von Berlin-Mitte."
(Konrad Rufus Müller)

Bei der 50-Jahr-Feier seines Unternehmens hat der Patriarch seinen letzten Auftritt. Im Rollstuhl verfolgt er im Mai 2013 die festliche Gala am Zeuthener See. Der ehemalige Wirtschaftsminister Wolfgang Clement, heute Mitglied des Dussmann-Stiftungsrates, hält die Laudatio auf den legendären Firmengründer, der als Ein-Mann-Betrieb mit einem Heimpflegedienst für Junggesellen eine Ausnahmekarriere gestartet hatte.

„Mein Mann war dabei, das war das Wichtigste", erinnert sich seine Frau Catherine von Fürstenberg-Dussmann. „Er blieb eineinhalb Stunden. Für ihn war es wunderbar, mir hat es innere Ruhe gegeben." Viele neue Mitarbeiter kannten Peter Dussmann gar nicht, der schon fünf Jahre krank war, ein Pflegefall, gelähmt, ohne sprechen zu können, nur „ja" und „nein". Aber nun sahen sie ihn wenigstens einmal, den sagenumwobenen, eigenwilligen Mann, der immer wieder neue revolutionäre Ideen auch gegen alle Widerstände umgesetzt hatte. „Die Mitarbeiter haben sich gefreut", erzählt seine Frau, „und das war gut für die Moral im Unternehmen."

Vier Monate später ist Peter Dussmann tot. Nach einem weiteren schweren Schlaganfall stirbt der Vollblutunternehmer am 26. September in einem Krankenhaus in Monaco. Seine Frau hält seine Hand. Sie ist während der letzten Wochen ununterbrochen bei ihm, die drei Nächte vor seinem Tod, als es zu Ende geht, schläft sie auf dem Boden in seinem Krankenzimmer. Sie will ihn nicht mehr allein lassen. „Ich hatte fünf Jahre Zeit, mich zu verabschieden", sagt sie gefasst, „denn er hatte keine Perspektive. Am Ende habe ich gebetet, dass er stirbt, weil er einfach nicht loslassen konnte. Er hat gekämpft bis zum Schluss." Und: „Auch wenn man weiß, daß es keine Chance gibt, ist der Tod ein Schock."

Wie lässt sich der Verlust des geliebten Menschen verkraften? „Ich schaue in die Zukunft. Wir Frauen leben heute immer länger und müssen vorbereitet sein auf die Zeit ohne Partner. Das ist nicht schön, aber wir müssen da durch, ob wir es wollen oder nicht. Für mich ist es früh. Ich bin ja gerade erst 63. Es heißt, man muss ein ganzes Jahr erleben, alle Jahreszeiten, einen Winter allein, einen Frühling allein, einen Sommer und so weiter. Das zweite Jahr wird angeblich einfacher. Man muss sich Zeit geben. Abwarten. Es gibt keine Instant-Trauer."

Das erste Weihnachten hat sie bei ihrer Familie in Amerika verbracht. Aber das Unternehmen lässt keine langen Pausen zu. Tapfer bekräftigt sie: „Ich bin dankbar, dass ich die Arbeit habe. Andere Frauen haben keine Aufgaben und gehen zu Ladies Lunches, um sich zu beschäftigen. Das langweilt mich. Ich bin es gewohnt, Entscheidungen zu treffen." Aus der Ehefrau, die ihrem Mann ein schönes Heim bereitete, ist längst eine echte Unternehmerin geworden. Eine wie er.

Ich lerne Catherine von Fürstenberg-Dussmann kennen, als ihr Mann noch lebt. An einem kalten Wintertag hat der Vorstandsvorsitzende des Dussmann'schen Imperiums, Dirk Brouwers, das gläserne Büro hoch oben auf dem Dussmann-Haus an der Berliner Friedrichstraße verlassen. Hier, im 7. Stock, empfängt sie, die Vorsitzende des Stiftungsrats, Mitarbeiter und Besucher. Eine lichtdurchflutete Maisonette mit hellblauem Teppichboden, französisch inspirierten Sesseln, einem runden Besprechungstisch aus Glas, Bücherwänden, üppigen Blumensträußen. Der Salon einer Dame. Eine geschwungene Treppe führt auf die Galerie mit dem Schreibtisch. Im Kamin flackert ein Feuer, auf dem Sims tickt eine antike Pendule, zwei Katzen verweisen auf ihr Revier. Zum Tee werden nach einem Rezept der Hausherrin gebackene Cookies mit weißer Schokolade und Aprikosen serviert.

Die Chefin kommt, in legeren Kaschmirstrick gehüllt, das blonde, überschulterlange Haar offen, prüft die Leckereien, plaudert. Sie wirkt privat, kein Business-Look als Uniform. Dussmann hat gerade das beste Jahr seiner Unternehmensgeschichte hingelegt. Und das mit einer ehemaligen Schauspielerin als Entscheiderin. Fast 30 Jahre hat sie als „Hausfrau mit Katzen" an der Seite von Peter Dussmann gelebt. Ein glückliches Leben auf der Sonnenseite mit eleganten Häusern in der ganzen Welt. Ganz unsentimental klingt ihr Kommentar: „Das war schön, eine schöne Zeit. Aber jetzt gebe ich etwas zurück. Ich hatte the good life, now I give back."

„MEIN MANN WAR DIE MITTE VON MEINEM LEBEN. MEIN BESTER FREUND."

Früher, in dem anderen Leben, als Peter Dussmann noch gesund war, kochte sie gern, schabte Spätzle, buk Kekse, las, stickte feine bunte Gobelinkissen und schuf für ihn zu Hause eine Insel der Ruhe, „wie alle Frauen, die haben einen mächtigen Mann. Wenn er heimkommt, dann kann er wirklich relaxen, ohne Stress. Das ist wie eine Geisha zu sein, aber intelligente Geisha", sagt sie in ihrem drolligen Mix aus Deutsch und Englisch.

Fast 30 Jahre Glück, Zufriedenheit, ein Leben im Luxus als Lady of Leisure. Dann der Bruch. Dussmanns Ärzte erkannten eine Disposition, prophezeiten einen Schlaganfall. Aber wie bereitet man sich darauf vor? Zweieinhalb Jahre vor dem Ernstfall begann Peter Dussmann mit seiner Frau „wie ein Professor zu sprechen", sagt sie. Er hatte ihr Potenzial erkannt und trainierte sie für die Leitung des Unternehmens. Eine komplizierte Situation für eine Frau, die Literatur studiert, aber keinen blassen Schimmer von Wirtschaft hatte und das Unternehmen nur aus der Distanz der Ehefrau kannte. Bis dahin.

„Als ich 58 war, hatte er this attack. Sechs Wochen lag er im Koma, und ich konnte nichts mit ihm besprechen. Aber ich habe mit den Mitarbeitern gesprochen, weil, die waren unruhig. Was wird aus Dussmann? Werden wir verkauft? Ja, ich musste viele Reden halten damals. Und es hat lange gedauert, bis die das geglaubt haben, dass ich nicht verkaufe."

Angst? „Nein, no, ich habe vor ganz wenig im Leben Angst. Aber man muss den Mut haben, kluge Leute zu holen, Leute, die klüger sind als man selber. Von denen man lernen kann. Ich habe Leute rausgeschmissen und neue Leute geholt. Ich habe mir im Unternehmen mein Harvard geschaffen, meine Elite-Uni, an der ich mich weiterbilde. Und jetzt kenne ich mich ziemlich gut aus. Ich hab's im Griff."

An dem runden Glastisch in dem Büro hoch über der Friedrichstraße werden unentwegt neue Pläne geschmiedet. Für Innovationen war und ist die Dussmann Group immer gut. Innovationen bedeuten Zukunft. Lange wurde an einer Machbarkeitsstudie für ein gigantisches Catering-Projekt in Saudi-Arabien gearbeitet, die inzwischen abgeschlossen ist. Dafür war Catherine von Fürstenberg-Dussmann nach Dschidda gereist und hatte, einen bestickten Schleier dekorativ über das blonde Haar gelegt, mit dem Bürgermeister von Mekka und seinen 30 Begleitern verhandelt. Es ging um die Versorgung von zwölfeinhalb Millionen muslimischen Pilgern bei der traditionellen Umrundung der Kaaba, des höchsten Heiligtums des Islam.

Andere Vorhaben sind in Arbeit. Das KulturKaufhaus, geöffnet bis Mitternacht, überraschte wieder mal: Der spektakuläre „Vertikale Garten" des Künstlers Patrick Blanc, eine blühende Urwaldwand im Atrium-Café-Restaurant „Ursprung – eat-drink-dream" des Untergeschosses, gilt als botanisches Wunder. Mit Betonung auf Grün und Nachhaltigkeit, Dussmann'schen Werten.

Den KulturKindergarten hat die Firmenchefin erfunden: Sie will Frauen die Möglichkeit geben, ihre Kinder von der achten Woche an bestens betreut und pädagogisch angeleitet zu wissen, um unbelastet ihren Beruf ausüben zu können. Bis Mitternacht, wenn der Kunde es möchte. Wichtig ist ihr auch die Sparte Museumsdienstleistungen. Im konzerneigenen Schulungszentrum ausgebildetes Personal tut an Kunst und Besuchern kompetent Dienst und ist nicht nur Aufpasser. In Berlin-Mitte am Petriplatz wird eine Kirche gebaut für drei Religionen, für Muslime, Juden und Christen. Ein Projekt, das die überzeugte Katholikin aus vollem Herzen unterstützt. In ihrem Büro werden bei den Meetings alle Ideen auf den Tisch geworfen. Weiterentwicklung über Brainstorming.

„Jetzt ist diese Firma für mich ein Lebensretter. Die Arbeit ist zu Gold geworden. Denn wenn ich die nicht hätte, würde ich verrückt werden. Schon in der Zeit, als ich zugucken musste, wie mein Partner langsam starb, das war grausam, schrecklich. Mein Mann war meine Stütze, es ist furchtbar, dass er nicht mehr da ist. Mein Stiftungsrat – das sind meine Sparringspartner. Die sind auch meine Gesellschaft. Aber da ist nichts Privates."

Sie ist allein, oft. Dann warten abends nur die Aktenberge. „Ich hatte alles auf meinen Mann fixiert."

Natürlich gehören zu ihrer Position repräsentative

„ICH HABE 30 JAHRE GELEBT WIE EINE GEISHA“

Verpflichtungen, Empfänge, Essen. Sie erscheint, Small Talk, ein Glas Champagner – und weg ist sie, die mächtige amerikanische Lady, von der Society argwöhnisch beäugt. Kann die das überhaupt, was sie da macht? Sie geht seltener allein aus als früher. Die Analyse der Gefühle ist einfach: „Seit er tot ist, spüre ich das Alleinsein."

Gibt es überhaupt Trost? „Vielleicht klingt es kalt, aber an den Wochenenden habe ich meine Tiere. Ich brauche keinen neuen Lebenspartner, wirklich. Die Tiere geben mir so viel Liebe. Sie sind unkompliziert."

Sie geht reiten. Zwei Pferde warten, zwei Katzen und vier große Hunde, richtige Kawenzmänner: ein Neufundländer, ein Bernhardiner, ein Bobtail und ein „Golden Doodle", den sie ihrem Mann vor drei Jahren zum Valentinstag geschenkt hatte. Diese Kreuzung aus Pudel und Golden Retriever gilt als idealer, geduldiger Freund für kranke Menschen. Es war Liebe auf den ersten Blick. Heute ist er Frauchens Gefährte wie die anderen Riesen: „Die kann man umarmen."

Viele Rollen hat Catherine von Fürstenberg-Dussmann in ihrem Leben schon angenommen. Nicht nur als Schauspielerin. In der ersten Zeit nach dem Schlaganfall ihres Mannes, als sie sich in das Unternehmen stürzte, wollte sie alles wissen und jedes Detail verstehen. Um den Mitarbeitern zu demonstrieren, dass sie nicht als Prinzessin irgendwo über ihnen thronte, und um zu begreifen, was es bedeutete, für Dussmann zu arbeiten. Sie ließ sich anonym als Kantinenhilfe anheuern, wo sie gute Arbeit leistete, aber bald aufflog, und als Reinigungskraft mit Perücke und Kittel. Ein großer Erfolg für sie, weil sie Einblick bekam und Vertrauen gewann. Sie ließ sich von einem Fernsehteam dabei begleiten und sorgte so für größtmögliche Verbreitung. Heute schreibt man ihr, wenn Abläufe nicht klappen, wenn es irgendwo knirscht im Getriebe. Oder wenn sich jemand gemobbt fühlt.

Und dazugelernt hat sie als Reinigungsfrau auch. „Klos richtig saubermachen kann nicht jeder. Das wurde mir gesagt. Natürlich ist es schmutzig. Aber es muss gemacht werden. Ich habe das gemacht. Und die Frau hat zu mir gesagt: „Es ist wie eine Tasse. Die Kloschüssel ist wie eine Tasse. Mein Gott, ich hatte auch Klos geputzt vorher. Aber wahrscheinlich falsch. Sie hat mir das beigebracht. Klos sind wie eine Tasse. Das ist wichtig zu wissen. Ich hatte es immer falsch gemacht ..."

Eine Anekdote zum Schmunzeln wie aus einem anderen Leben. Aber die Chefin bewahrt Haltung auch in der Trauer und schaut mit eiserner Disziplin nach vorne: „Das ist meine Überlebensstrategie. Man lebt nicht ewig. Ich möchte etwas bewegen, etwas zurückgeben. Wir haben dieses Jahr 3000 Mitarbeiter mehr, und mit jedem Mitarbeiter wird meine Verantwortung größer. Deshalb ist mein Zukunftswunsch einfach: Ich möchte gesund und fit bleiben."

Die Botschaft klingt ermutigend: „60 ist jung!" Aber leider gibt es den Erfolg des jugendlichen Äußeren nicht gratis: „Man muss etwas tun, regelmäßig Sport treiben, damit man schlank bleibt. Ich schwimme jeden Tag. Durch die Bewegung fühlt man sich gut, und der Kopf ist klarer, weil man sich besser konzentrieren kann. Ich hoffe, dass auch andere, jüngere Frauen durch dieses Buch Mut kriegen."

„AUFHÖREN? DAS KANN ICH MIR ÜBERHAUPT NICHT VORSTELLEN. MAN MUSS EINE AUFGABE HABEN, DIE DEM LEBEN INHALT GIBT“

INGEBURG NIJHUIS

geboren *10. Februar 1947 in Bayern*
Beruf *Geschäftsfrau*

Seidene Höschen und Hemdchen, Spitzen-BHs, scharfe Tangas in allen Farben, schwarze Strapse, hauchdünne Strümpfe, Nachtkleider und winzige Bikinis oder Pareos mit handgefertigten applizierten Blüten – das sind die Elementarteilchen von **INGEBURG NIJHUIS'** Welt. Ihr kleines Luxusuniversum, bestehend aus Dessous für Damen und nebenan seit einiger Zeit auch Herren, verführt zu zauberhaftem Darunter. Elegante Wäsche macht selbstbewusst und sexy, auch ohne Publikum.
Ingeburg Nijhuis' Laden am Hamburger Eppendorfer Baum heißt „Joseph und Josephine". Seit beinah 35 Jahren verkauft sie hier, was edel, hilfreich und gut ist. Ein bisschen Kaschmir ist dazugekommen und andere Spielsachen, die entzücken. Andere und sie selber.
Ingeburg Nijhuis wird am 10. Februar 1947 in Bayern geboren und wächst in Hamburg auf. Sie ist abenteuerlustig, fährt ein paar Monate zur See, geht nach London und Amerika, bevor sie durch eine Annonce auf den freigewordenen Laden in bester Lage stößt. Sie ist seit neun Jahren verwitwet und hat eine 22-jährige Tochter.

Eine wilde Hummel war die hübsche Ingeburg in ihrer Jugend. Sie steckte voller Ideen und Pläne, wollte alles haben, alles machen, raus, die Welt sehen, und das, bitte, sofort. Es ist wohl dieses unbekümmerte Temperament, das sie bis heute so anziehend macht, wenn ihre langen blonden Locken fliegen, während sie die BHs aus ihren Fächern zieht, nebeneinander ausbreitet und über den Spitzenbesatz streicht.
Die 1,64 Meter kleine Person ist dauernd in Action, bei ihrer Tochter, die in New York studiert, in der Oper, im Kino, beim Golf oder Essen mit Freundinnen. Zwei bis drei Abende pro Woche geht sie aus. Und kümmert sich natürlich ums Geschäft. „Aufhören? Das kann ich mir überhaupt nicht vorstellen. Mein Leben ist ausgefüllt. Langeweile kenne ich nicht. Aber ganz aufhören? Mit Mitte 60? Das ist zu früh! Man muss eine Aufgabe haben, die dem Leben Inhalt gibt."
Appetit auf Leben sollte man schon mitbringen, wenn es aufregend werden soll. Und den hatte die Tochter einer Mutter, die mit 66 wie eine Oma aussah, das graue Haar zum Knoten aufgesteckt. Nach der mittleren Reife absolvierte sie die Vernunftrunde in Form einer Lehre als Bank- und Industriekauffrau – keine schlechte Voraussetzung –, aber dann ging's los: Mit 19 als Au-pair nach London und Sekretärin bei einem Plattenlabel, „einfach nur, um in London bleiben zu können". Von da mit einem Freund in die USA, nach Atlanta und New York. Zurück in Hamburg als Stewardess mit Hapag Lloyd drei Reisen auf einem Kreuzfahrtschiff nach Asien, Mittelamerika und ins Mittelmeer. „Einfach toll, in so jungen Jahren ... Und dann habe ich mich noch in den Kapitän verliebt." Glücklich verliebt, das war herrlich. Und die Reiselust gestillt.
Das gutgehende Wäschegeschäft, das zum Verkauf stand, führte das damals übliche Sortiment. Höschen hießen noch Unterhose, reichten vom geraden Beinausschnitt bis zum Gummizug in der Taille und entwickelten sich nach einer Stunde Körperwärme zu geräumigen Beuteln, die man bequem unter die Achseln ziehen konnte. Wir befinden uns im Jahr 1980.
Ingeburg Nijhuis, die mal ein paar Tage bei einer Freundin in London in deren Dessous-Boutique gejobbt hatte, arbeitete bis Freitag in ihrem damaligen Büro und startete am Montag in die Zukunft. Sie machte pünktlich den neuen, eigenen Laden auf mit all der spießigen Ware. Zu Hause durchforstete sie ihren Kleiderschrank und fand, was sie im Ausland gekauft hatte und die Frauen südlich der Alpen unter ihren dekolletierten Kleidern trugen. La Perla hieß das Zauberwort, italienische Wäsche vom Feinsten. Den Kontakt knüpfte sie über einen Anruf in der italienischen Botschaft, so war der Weg, die Ware wurde bestellt, Risiko inklusive. Einige schicke Firmen komplettierten den

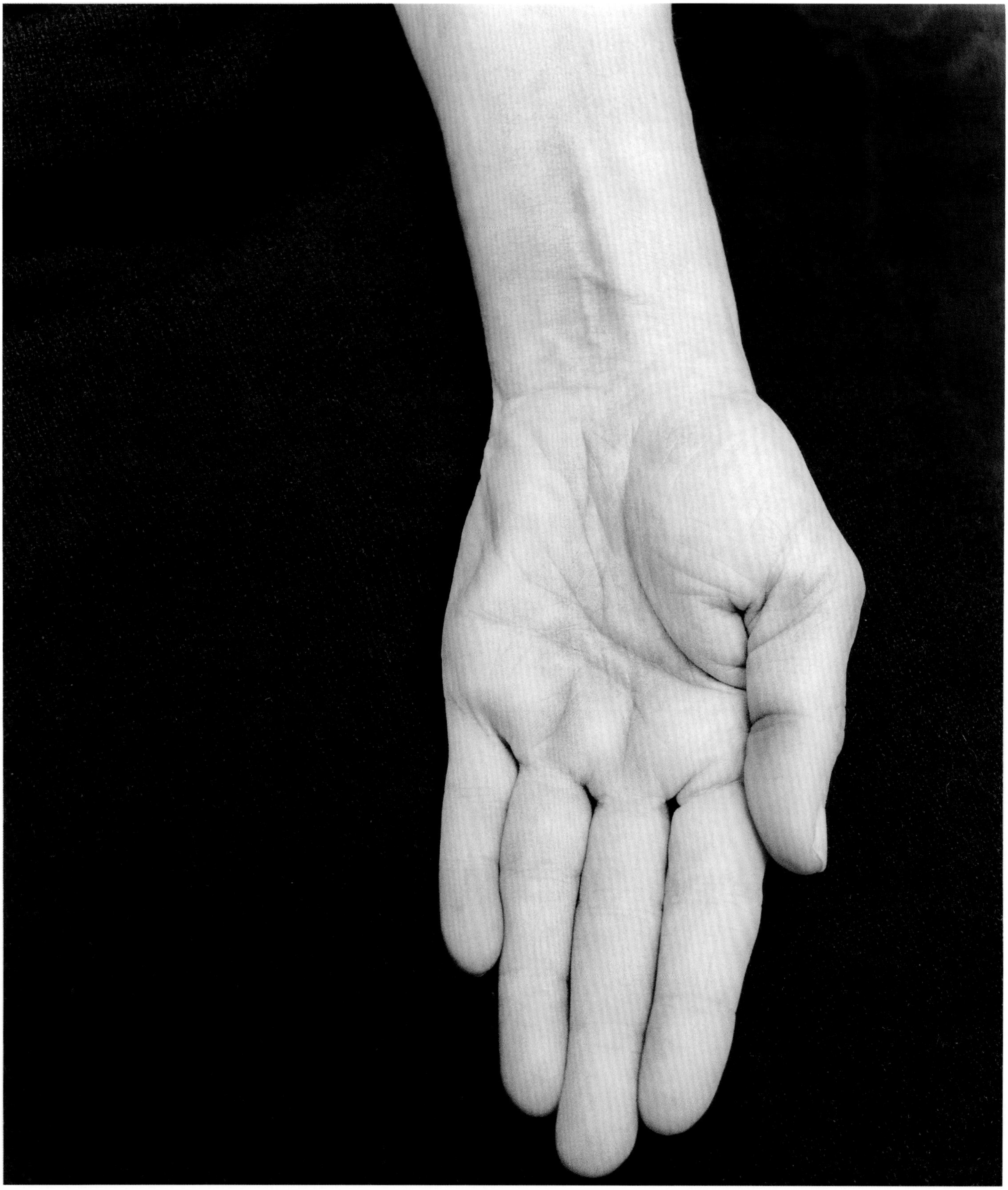

„Nicht nur diese Hand ist Erotik pur." *(Konrad Rufus Müller)*

geschäftlichen Salto. Es sprach sich herum, dass am Eppendorfer Baum scharfe Wäsche eine Heimat gefunden hatte. Der finanzielle Erfolg beflügelte, aber auch die Stimmung der Zeit riss mit.
„Es macht immer noch Spaß, aber kein Vergleich mit meinen ersten Jahren. Die waren toll." Dafür kam der La-Perla-Geschäftsführer Europa daher, 14 Jahre älter und die große Liebe. Die ganz große Liebe. Die beiden bekommen eine Tochter, Vivian. Da ist Ingeburg Nijhuis schon 43. Aber heiraten will sie nicht. „Ich war ja schon vier Männern weggelaufen, weil ich partout nicht heiraten wollte. Und nun lebte ich mit meiner großen Liebe zusammen, und ich hatte das Kind mit ihm. Aber meine Tochter drängte: Auf jedem Wunschzettel stand „Bitte heiratet!". 2001 habe ich nachgegeben, mit 54. Und heute würde ich glatt noch mal heiraten."
In den ersten Jahren pendelt das Paar zwischen Düsseldorf und Hamburg und trifft sich in Paris oder München, bevor der gemeinsame Standort Hamburg wird. Glückliche Jahre, die jäh beendet sind: Krebs. „Nach seinem Tod war mein Leben schrecklich, wirklich schrecklich. Ich hatte ihn so geliebt, wir passten gut zusammen, er war ein toller Mann. Aber da war meine Tochter, die mich brauchte, für sie musste ich stark sein. Ich habe auch gleich wieder gearbeitet. Es tat gut, im Laden zu stehen und eine Aufgabe zu haben."
Jeder Mensch geht mit dem Verlust des geliebten Partners anders um. Freunde helfen, aber vor allem die Zeit. „Der eine braucht ein Jahr, der andere zehn. Ich kenne besonders Männer, die nach einem Jahr wieder neu geheiratet haben. Das ist nicht zu werten, aber bei jedem anders. Man muss die Gefühle einfach annehmen. Ich bin froh, dass ich wieder glücklich bin – drüber weg ist man nie. Aber es tut gut, dass ich aus diesem ganz tiefen Tal heraus bin. Bei mir hat es sicher sechs Jahre gedauert, bis ich wieder ich war. Es hat mich total verändert. Ich weiß jetzt, dass das Leben morgen vorbei sein kann und dass man nicht ewig lebt. Das weiß man natürlich vorher auch, theoretisch, aber wenn man es einmal erlebt hat … also ich habe mich sehr verändert. Ich bin viel gelassener geworden, mich regt nichts mehr groß auf. Es lohnt sich nicht, seine Kräfte zu verschwenden. Wir haben nicht so viel Zeit auf dieser Welt, um Dinge zu machen, die es nicht wert sind. Und das wird einem, wenn man jemanden verliert, den man liebt, total bewusst."
60 zu werden, war das eine Klippe? „Auf keinen Fall. 60 plus ist beinah so was wie die neue Jugend. Wir sind so fit, wir wissen so viel, wissen eben mehr als die heutige Jugend, sind aber genauso fit. Wir sind auch nicht so verbraucht wie unsere Eltern, die von einem, manche von zwei Kriegen geprägt wurden. Alles, was sie erlebt hatten, hat sich im Kopf festgesetzt, und daraus entsteht eine Lebenseinstellung. Uns dagegen ging es immer gut."
Wie wäre es mit einem neuen Mann? „Ich brauche ja niemanden, der mich ernährt. Ich müsste mich verlieben. Es muss kribbeln. Aber es ist nicht einfach. Die Zeit, wo man laufend von Männern angeguckt wurde, ist vorbei." Und sie fügt scherzhaft hinzu: „Wenn ich früher hier am Eppendorfer Baum die Straße überquerte, sind die Männer in ihren tollen Autos fast gegen den Baum gefahren. Heute muss ich aufpassen, dass ich nicht überfahren werde."

„FRÜHER SIND DIE MÄNNER FAST GEGEN DEN BAUM GEFAHREN, WENN ICH DIE STRASSE ÜBERQUERT HABE. HEUTE MUSS ICH AUFPASSEN, DASS SIE MICH NICHT ÜBERFAHREN“

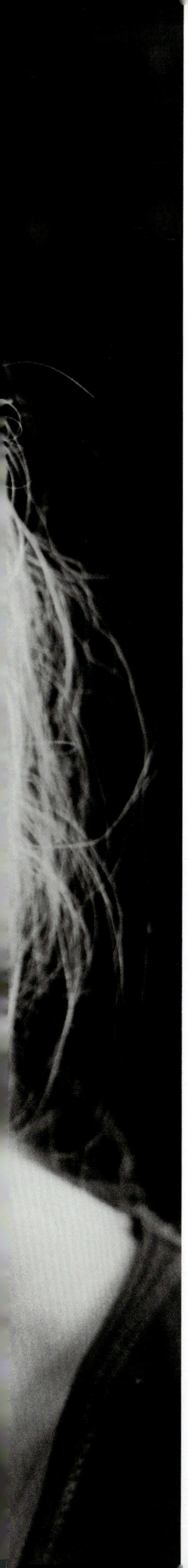

„ICH BIN EIN SELTSAMER VOGEL IN DER GESELLSCHAFT“

FRIEDERIKE GARBE

geboren *21. Januar 1945 in Breslau*
Beruf *Leiterin des AGAPE-Hauses in Lübeck*

FRIEDERIKE GARBE ist berühmt in Lübeck. Ihr AGAPE-Haus des Lebens (Agape: griechisch für Liebe) ist ein Ort, der in bürgerlichem Umfeld gemischte Gefühle hervorruft. Die Bewohner und deren Besucher tragen ihr Haar manchmal grün, haben Irokesensicheln, tiefhängende Skaterhosen, sind tätowiert, gepierct und signalisieren eine eher kritische Einstellung zum System. Zugleich wird dem unermüdlichen Engagement der AGAPE-Gründerin uneingeschränkte Bewunderung entgegengebracht. Sie hat aus eigener Kraft, ohne Geld, anfangs ohne Zuschüsse, einen Zufluchtsort für schwangere Teenager und Mütter ohne Perspektiven, am Rande des Absturzes, geschaffen, deren Existenz durch Alkohol, Drogen und Kriminalität gezeichnet ist. Das AGAPE-Haus will

Müttern wie Kindern eine Zukunftsperspektive geben. Wenn der „Verein Leben bewahren e.V." nicht genug Geld gesammelt hat, springen Friederike und Günter Garbe ein, mit allem, was sie haben. Friederike Garbes Meisterstück ist im Juni 2000 die Einrichtung einer Babyklappe. Warum macht die Frau das? Das fragen sich nicht nur die Lübecker.
Friederike Garbe wird am 21. Januar 1945 in Breslau geboren, gut drei Monate vor dem Ende des Zweiten Weltkriegs – ein schlimmes Datum für den Start ins Leben. Sie ist ganze zwei Tage alt, als ihre Mutter sie und die vier Jahre ältere Schwester mitnimmt auf die Flucht in den Westen. Heute lebt sie mit ihrem Mann, einem Tiefbau-Ingenieur, in Lübeck, hat zwei Kinder und sieben Enkelkinder.

Der große Bogen meines Lebens beginnt in den letzten Kriegstagen. Keiner gab mir, dem zwei Tage alten Baby, eine Überlebenschance, als meine Mutter auf die Flucht ging. „Lassen Sie das mal hier", hatten die Ärzte im Krankenhaus gesagt, „die Kinder erfrieren alle." Es lagen viele tote Babys an den schneebedeckten Straßenrändern im Januar des strengen Winters 1944/45. Mein Vater war gerade an der Front gefallen, er hat mich, seine zweite Tochter, nie gesehen, der Großvater war kurz vorher gestorben, meine Großmutter, eine Dame aus besten Kreisen, konnte nur sticken und Klavier spielen. Sie war völlig hilflos und damals, mit 57, schon eine alte Frau. Und ich, ja, ich habe im Gepäcknetz irgendwie überlebt. „Nun hatte ich dich schon gekriegt, nun nehme ich dich auch mit", erzählte meine Mutter immer. Das ist natürlich keine gute Prognose für ein Leben. Und das hat mich gekennzeichnet. Immer dieses Gefühl, eine Last zu sein, der stille Vorwurf, dass es ohne mich einfacher gegangen wäre. Und ich war zu dem Zeitpunkt wirklich eine Last. Diesen Satz habe ich noch an meinem 40. Geburtstag gehört: „Nun habe ich sie bekommen, nun nehme ich sie auch mit." Mehr war es nicht.
Das ist der Ausgangspunkt für alles, was ich angeschoben habe. 1995 haben wir dieses Haus hier eröffnet. Für Frauen, die eigentlich nicht in der Lage sind, Kinder allein großzuziehen. Da hatte ich längst begriffen, dass ich keine Last war. Dass ich eine Lebenslüge mit mir herumgeschleppt hatte. Aber das war ein weiter Weg.
Ich bin mit meiner Mutter damals in Lübeck gelandet. Sie heiratete wieder, aber ich mochte den Mann nicht, ich fand ihn brutal und hatte furchtbare Angst vor ihm. Ich wurde mit einem Rote-Kreuz-Transport für unterernährte Kinder in die Schweiz geschickt zu einer reichen Familie in der Nähe von St. Gallen. Ich war sieben. Vor der Schule musste ich putzen, nach der Schule musste ich putzen, und während der Woche durfte ich keine Schuhe tragen. Nur sonntags. Ich musste barfuß übers Stoppelfeld ins Dorf hinunter in die Schule laufen. Dort verstand ich das Schwyzerdütsch nicht. Nach fünf Monaten durfte ich nach Hause, schwer krank, und stellte fest, dass die Schweizer Dame meine Briefe an meine geliebte Großmutter nicht abgeschickt hatte. Oh, wie habe ich sie gehasst dafür! Bis in meine 30er-Jahre sind mir die Ängste geblieben, allein gelassen zu werden.
Meine Mutter wurde Leiterin eines Altersheims in Lübeck. Ich bin von den dortigen Schwestern erzogen worden, die waren meine Bezugspersonen, vor meiner Mutter hatte ich Angst.
Mit 18 habe ich meinen Mann kennengelernt, ich wollte unbedingt eine eigene Familie haben. Ich wurde auch sofort schwanger. Was folgte, waren Krankheiten, Operationen, mein Mann hatte einen schweren Unfall, als unser Sohn gerade zwei Jahre alt war. Ich war total überfordert und bekam Depressionen, habe zweimal versucht, mich umzubringen, weil ich meinem Mann keine Last sein wollte. Wenn ich nicht da wäre, würde das Leben meiner Familie einfacher und besser, und alle wären erleichtert,

„FÜR MICH HAT JEDES KIND EIN RECHT AUF LEBEN. DIESE MEINUNG MUSS MAN NICHT MIT MIR TEILEN, ABER ICH SEHE ES SO.“

dachte ich. So verrückt ist man in der Depression. Mit 33 kam die Wende. Ich habe mit meinem Mann ein christliches Seminar des Marburger Kreises besucht und in seelsorgerischen Gesprächen mein ganzes Leben Revue passieren lassen. Da bin ich plötzlich aufgewacht und dachte, es ist doch alles Lüge. Du bist keine Last. Meine Depressionen verschwanden, und mein Mann hat nur noch gestaunt. Ich war auf einmal ein fröhlicher Mensch und eine gute Mutter, ich habe das Leben gemeistert. Ich würde sagen, da fing mein Leben überhaupt erst an. Und die schrecklichen, schlimmen Jahre haben sich irgendwie in meinem Projekt aufgelöst. Ich konnte mit den Kindern, den Kleinen hier spielen, konnte selber Kind sein. Auch mit meiner Mutter habe ich meinen Frieden gemacht. Kurz bevor sie starb, sagte sie zu mir, du sollst wissen, du warst für mich das größte Glück in meinem Leben.

Wie durch ein Wunder, durch zahlreiche Zufälle und unerwartete Entwicklungen, sind wir an dieses Haus in der wundervollen Lübecker Altstadt geraten. Es besteht aus zwei schmalen Häusern, die durch einen Innenhof verbunden sind, ein Handtuch-Grundstück. Es war wirklich ein Wunder, denn wir hatten doch kein Geld. Und hockten mit einem Mal auf 650 Quadratmetern Wohnfläche. Zwei Erwachsene, zwei Kinder und zwei Katzen. Das Dach vom hinteren Haus war eingestürzt, ich saß mit einem Regenschirm im Bett, im Seitenflügel flogen Tauben ein und aus. Außerdem mussten mein Mann und ich nach der langen Phase der Katastrophen erst mal wieder zusammenfinden. Wir waren doch total überfordert. Ich habe mal in einem Vortrag gesagt, unsere Ehe sieht aus wie ein verwüsteter Garten, alles liegt brach. Aber allmählich sah man so ein paar grüne Halme. Da wuchs was. Und heute? Bald feiern wir Goldene Hochzeit. Wir haben sieben Enkelkinder, die uns lieben. Es hat sich gelohnt, durchzuhalten.

Eines Tages kam ein Student vorbei, der mit ein paar anderen Studenten diesen „Verein Leben bewahren“ gegründet hatte. Sie wollten Schwangeren, jungen Müttern in Not, helfen. Aber sie wollten nicht immer nur Vorträge halten, sondern praktisch helfen. Sie suchten ein Haus. Da traf es mich wie der Blitz. Ich habe sofort ja gesagt. Das war doch meine Geschichte. Für mich eine folgerichtige Entscheidung. Aber die meisten Menschen halten mich schon für ein bisschen irre, weil ich das mache. Wie kann man ohne Geld zu verdienen mit den Müttern alles teilen, sich beklauen lassen – also, hier passieren schon Geschichten ... Deswegen bin ich so ein seltsamer Vogel in der Gesellschaft. Viele Menschen wissen nicht, wie sie mir begegnen sollen.

Die Studenten haben sich irgendwann nach dem Studium verflüchtigt und sind woanders hingegangen. Dann sind mein Mann und ich in den Verein eingetreten. Ich wurde zur Ersten Vorsitzenden gewählt. Und das bin ich nun. Es ist ein kleiner eingetragener Verein, der sich über Spenden finanziert. Manchmal sind wir bei den Mitgliederversammlungen nur 12 oder 14 Personen, weil die Mitglieder, die außerhalb von Lübeck wohnen, nicht kommen können. So haben wir uns über die Jahre durchgehangelt. Wir haben im Vorderhaus kleine Apartments gebaut und Schwangere aufgenommen. Die Mieten werden in der Regel vom Sozialamt bezahlt. Gerade wohnt da eine, die ist im vierten Monat. Wir haben aber auch Mütter, zum Beispiel eine, die ist 22 und hat ein schwieriges Verhältnis zu ihrem Kind, da haben wir die Großmutter mit aufgenommen. Ich dachte, das könnte Sinn machen, bevor das Jugendamt eingreift. Eine andere ist sehr beschränkt, die geht einkaufen und lässt den Kinderwagen am Eingang zum Kaufhaus einfach stehen, ohne über die Folgen nachzudenken. Da habe ich jetzt den Vater mit aufgenommen. Wahrscheinlich werden die nach einem psychiatrischen Gutachten in ein Mutter-Kind-Haus nach Hamburg gehen, wo sie rundum betreut werden.

Es war oft hart, weil kein Geld da war oder die Mütter die Miete nicht bezahlt haben. Dabei ist die gering, und nur 40 Euro Essensgeld im Monat. Nicht mal das zahlen sie. Aber wenn der Verein kein Geld hat, sind wir selber dran. Im letzten Jahr ist uns schon zweimal das Konto gesperrt worden. Und wenn sich bei fünf Müttern die Rückstände summieren ... Jede ist ein spezieller Fall.

Im Moment sind wir voll belegt, acht Personen, dazu

Liebe Frau Garbe
Ich möchte mich bei Ihnen bedanken, daß Sie sich so lieb um mein Baby kümmern Bitte nennen Sie die Kleine Felicitas und als zweiten Namen soll sie Christine behalten. Die Kleine wurde am 9.10. geboren. Da ich alleine bin und erstmal mein Leben in den Griff bekommen muß denke ich es ist besser für Felicitas wenn sie in eine Familie kommt die sich schon lange ein Kind wünscht. Vielen lieben Dank für alles was sie für Felicitas tun, bitte geben sie ihr einen Kuss von mir und sagen Sie ihr daß ich sie lieb habe.

Diese beiden Briefe hat eine junge Mutter zu ihrem Neugeborenen in die Lübecker Babyklappe gelegt.

Liebe Felicitas

Ich hoffe Du wirst mir eines Tages
verzeihen, daß ich Dich weggegeben hab
Ich habe es getan weil ich denke das
es Dir besser gehen wird in einer
Familie die sich schon lange ein Kind
wünscht und die Dir viel Zeit und
Liebe geben kann. Für mich waren
es die schönsten Stunden in denen
ich Dich bei mir hatte. Du warst
das schönste Baby das ich jemals
gesehen habe. Ich wünsche Dir daß
Du es besser machst als ich
und hoffendlich einmal eine gute
Mutter wirst. Ich bete zu Gott daß
wir uns wiedersehen.
Ich liebe Dich
Deine Mutter

Babys und ein vierjähriges Mädchen, und natürlich im Hinterhaus mein Mann und ich. Eine junge Frau hilft ehrenamtlich mit, vor allem bei den Gängen zu den Ämtern, und ich bin immer da und ansprechbar. Außerdem sind eine Bürokraft und eine Tagespflegemutter in unserem Team. Bei uns überschneidet sich alles. Unser Koch ist Alkoholiker, hat hier als Praktikant Stunden abgeleistet und ist hängengeblieben. Das Arbeitsamt erlaubt, dass er ehrenamtlich hier bleibt und gibt auch Geld. Er ist zweimal abgestürzt, aber jetzt läuft es.
Ich habe ein seelsorgerisches Verständnis für Menschen, vielleicht aufgrund meiner Vergangenheit. Ich weiß, warum sie so sind, und bewerte nicht, dass sie so sind. Vielleicht werden wir deshalb auch gefunden von denen, die uns brauchen. Manche kommen über die Gemeinden, übers Internet, aber die meisten über Mundpropaganda.
2000 habe ich irgendwo im Urlaub in einer Zeitschrift ein Foto von einem toten Baby gesehen, nach der Obduktion mit zusammengebundenen Füßchen. Zur gleichen Zeit lief in Lübeck ein totes Baby über ein Förderband in einer Mülldeponie. Ist das nicht grauenhaft? Da habe ich gesagt, wir machen das wie in Hamburg im Sterni-Park, wir machen eine Babyklappe auf. Für die Verzweifelten. Diese jungen Frauen sind eben keine kleinen Schlampen, die zufällig schwanger werden, sondern es sind todunglückliche junge Mütter, die nicht weiterwissen, niemanden haben, zu Hause alleine entbinden oder anonym im Krankenhaus. Ihre Babys haben keine Zukunft. Dann ist es doch besser, sie zu Adoptiveltern zu geben, die sich sehnlichst und vergebens ein Kind wünschen und ihm Geborgenheit geben können. Die Abschiedsbriefe, die die Frauen zu ihren Kindern in die Klappe legen, rühren mich zu Tränen.
Ich habe in Hamburg angerufen und mir ein paar Details erklären lassen, mir zum Beispiel die Adresse des Konstrukteurs der mechanischen Tür geben lassen. Das Lübecker Spendenparlament, dem ich von meinem Plan berichtet hatte, übernahm die Kosten für diese komplizierte Tür. Das waren 8000 Mark. Das Wärmebettchen hat der Vorstand der Drägerwerke in Lübeck gespendet. Und ein Kirchenmann aus Neustadt hat 10 000 Mark für die Alarmanlage beschafft. Das war damals alles Neuland.
Die Babyklappe funktioniert so: In die Außenmauer unseres Hause Mengstraße 62 ist eine Metalltür eingelassen, so groß wie ein geräumiger Schuhkarton. Die Klappe kann nur einmal benutzt werden. Wenn das Baby hineingelegt wird, schließt sich die Klappe und ist nicht wieder zu öffnen. Dahinter steht ein Wärmebettchen mit Matratze und Kissen, wo das Baby gut aufgehoben ist. Für die Mutter liegt ein Brief bereit, der ihr erklärt, was mit ihrem Kind geschieht, wie es ärztlich versorgt und untergebracht wird.
Am 2. August 2003 war das erste Baby da, Sarah. Sie war gerade fünf Stunden alt. Als ich sie aus dem Bettchen nahm, war ich so aufgeregt, dass ich spontan gesagt habe: „Herzlich willkommen."
Wenn das Baby im Wärmebettchen liegt, kommt sofort ein Arzt zur Untersuchung. Die erste Nacht schläft es bei uns im Bett, morgens rufe ich beim Jugendamt an, dann wird ein Vormund bestellt, der in der Regel nach einer Liste schon am ersten Tag mit den zukünftigen, überglücklichen Adoptiveltern hierherkommt. Die Mutter hat acht Wochen Zeit, es sich anders zu überlegen. Das ist allerdings nur einmal vorgekommen. Von 2000 bis heute wurden uns 15 Säuglinge in die Klappe gelegt.
Das französische Fernsehen hat eine Dokumentation darüber gesendet und auch Bilder von Klostertüren aus dem Mittelalter gezeigt, in denen Babyklappen angebracht waren. Immer derselbe berührende Vorgang. Hier verzweifelte Frauen, die nicht abgetrieben, ihre Kinder ausgetragen und sich von ihnen verabschiedet haben, und auf der anderen Seite die strahlenden Nonnen, die dadurch Mütter wurden. Für mich hat jedes Leben Berechtigung und auch eine Bestimmung. Und wenn ich gefragt werde, warum ich das hier mache, dann sage ich, ich bin fest davon überzeugt, dass diese Kinder ein Recht auf Leben haben. So wie ich es hatte. Das muss man nicht mit mir teilen, aber ich sehe es so.

„Friederike Garbe hatte ihre Haare für die Detailaufnahme ausgesucht.
Mir gefiel dann die geschickte, flinke Art, diese zu bändigen.“ *(Konrad Rufus Müller)*

„AM LIEBSTEN GEGEN DEN STROM“

THEKLA CAROLA WIED

geboren *5. Februar 1944 in Breslau*
Beruf *Schauspielerin*

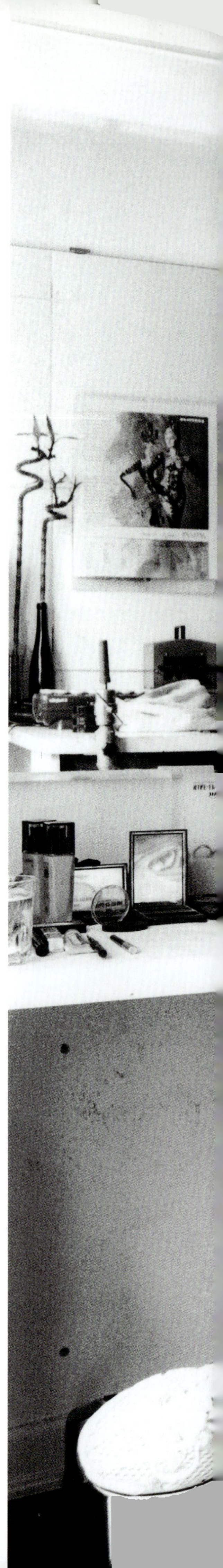

THEKLA CAROLA WIED und das Fernsehpublikum – das ist eine jahrzehntelange, andauernde Liebesgeschichte. Die Schauspielerin wird am 5. Februar 1944 in Breslau geboren. Sie wächst mit zwei Schwestern in Berlin in ärmlichen Verhältnissen auf. Nach dem Besuch der Essener Folkwang-Hochschule spielt sie sich an deutschen Theatern durchs Repertoire. Ihr Durchbruch gelingt vor 30 Jahren in der TV-Serie „Ich heirate eine Familie“ mit Peter Weck, die bis heute das erfolgreichste ZDF-Unterhaltungsprogramm der letzten 50 Jahre ist. Thekla Carola Wied ist mit dem gleichaltrigen Ex-Politiker und Ex-Manager Hannes Rieckhoff verheiratet. Das Paar lebt in München und am Traunsee.

Sie kennt jeder. Sie ist eines der beliebtesten Gesichter im Fernsehen, sympathisch, privat skandalfrei. Und immer wieder mit frischer Ware oder in unverzichtbaren Konserven-Klassikern wie „Ich heirate eine Familie“. Das war 1983. Noch heute sitzen bei den Wiederholungen Großmutter, Mutter und Tochter zusammen vor dem Fernseher und gucken der liebenswert chaotischen, leicht überforderten Angi zu, wie sie in Berlin als geschiedene Frau mit drei Kindern ihr Leben meistert. Wie sie von ihren Freunden mit einem Wiener, Peter Weck, verkuppelt wird, wie sie heiraten, noch ein Baby bekommen und glücklich zusammenleben. Für dieses Highlight hagelte es Preise, Bambis, Goldene Kameras und und und. Nach nur 15 Folgen, die Maßstäbe gesetzt haben an Charme, Leichtigkeit und Humor, war Schluss. Denn als Angi ihre „Boutique für kleine Leute“ aufgeben, nur Hausfrau am Herd sein soll, sagt die Hauptdarstellerin „nein“. Zu spießig, nicht zeitgemäß. So sah sie die Figur nicht. Eine kluge Entscheidung. „Man sollte den Mut haben, seinem Verstand und Gefühl zu folgen.“

Ist das Ihr Lebensmotto?
Ist es wohl. Nicht mit dem Strom, eher gegen den Strom. Schon in meiner Jugend habe ich mich gegen meinen strengen Vater durchgesetzt. Ich wollte ja unbedingt Schauspielerin werden. Man muss sich doch seinen Weg selber suchen, auch gegen Widerstände. Das habe ich sehr früh gelernt.

Haben Sie in dem Beruf das gefunden, was Sie sich erhofft hatten?
Ja, absolut. Und ich habe am Theater alles gespielt, alle großen Hauptrollen, die man sich nur erträumen kann.

Die Rolle in „Ich heirate eine Familie“ war Ihr Durchbruch im Fernsehen.
Ja, der Produzent Otto Meissner hatte einen Film mit mir gesehen – „Collin“ nach einem Roman von Stefan Heym –, in dem ich mit Curd Jürgens spielte, der damals schon zu

„DIE ZUKUNFT? TJA ... DA LASS ICH MICH VOLLER NEUGIER ÜBERRASCHEN."

den großen internationalen Stars zählte. Als Otto Meissner mich dann kennengelernt hatte, sagte er, die ist genau die Richtige für die Mutterrolle. Die hat so eine saubere Erotik. Ich weiß nicht, was der da gesehen hat …

Seitdem läuft Ihre Karriere ohne Pausen immer weiter.
Ja, ich habe meine Chancen genutzt. Aber man muss auch fleißig sein. Man darf nicht sagen, so, jetzt habe ich es geschafft. Dieser Fleiß ist uns als Kindern zu Hause eingebimst worden. Lernen, lernen, lernen. Ich bin sowieso kein Mensch, dem alles zufällt. Ich muss mir manches erarbeiten.

Sie drehen zwei bis drei Filme pro Jahr. Sie sind gut im Geschäft.
Ach, wissen Sie, der Maler malt, so lange er den Pinsel halten kann. Wir Schauspieler wollen spielen. Und das hat nichts mit dem Alter zu tun.

Sie sind gerade 70 gworden. Fühlen Sie sich alt?
Ehrlich, wenn mir vor ein paar Monaten jemand sagte, du wirst bald 70, dann dachte ich, das kann nicht sein. Das bin nicht ich. Manchmal merke ich zwar, die Kräfte sind nicht mehr so da. Anstrengungen steckt man nicht ganz so leicht weg. Und sich vor einem Auftritt in einem Spiegel mit siebenfacher Vergrößerung die Wimpern zu tuschen, also, diesen Spiegel brauche ich definitiv nicht. Falten? Ich habe so viele zerstörte Gesichter gesehen durch fragwürdige Operationen. Nein, da stehe ich lieber dazu.

Sie machen einen ausgeglichenen, glücklichen Eindruck. Sind Sie ein positiver Mensch?
Ich fühle mich sehr verwöhnt vom Schicksal. Mein Privatleben an der Seite meines Mannes ist erfüllt. Es kann nicht besser sein. Wir sind beide aktiv, lieben die Natur – ich besonders als „Trümmerkind" aus Berlin –, haben gemeinsame Interessen. Wir lesen noch Bücher, die man in die Hand nehmen kann, und kommen beim Wandern ohne Sauerstoff auf über 2000 Meter. Und auch wenn's mal zwickt, sind wir Gott sei Dank noch recht gesund.

Ihr Mann ist genauso alt wie Sie.
Das ist ein ganz großer Vorteil. Wir haben uns beide mit 46 kennengelernt, mit 47 haben wir geheiratet. Wir hatten unsere Erfahrungswelten schon hinter uns. Und wissen genau, was wir nicht mehr wollen. Deswegen war der 60. Geburtstag, die 60, völlig unwichtig. Unser gemeinsames Leben hat mit 47 ja erst angefangen. Und das wollten wir nutzen. Ich bin zwar ein Mensch, der noch viel mit seiner Vergangenheit umgeht und Erinnerungen pflegt. Trotzdem ist das Nach-vorne-Sehen und Die-Gegenwart-Leben für mich das Wichtigste. Und die Zukunft? Tja … da lass ich mich voller Neugier überraschen.

Wo haben Sie sich kennengelernt?
Ich war eingeladen zu Lesungen im Schwäbischen, eine in Esslingen, eine in Backnang. Zwei waren mir zu viel, also musste ich mich entscheiden. Backnang, das klang so fremdartig, indisch. Also Backnang. Mein Mann war dort Oberbürgermeister. Nach der Lesung gab es Brezel mit Butter, dazu Trollinger. Er hat mir gratuliert, weil er das Programm mochte, ich habe Klabund gelesen und sagte, wir sind derselbe Jahrgang – sehr elegant, bisschen frech! Aber es hat mir gefallen. Und dann hat er mir geschrieben, witzig formuliert, und ein Büchlein geschickt. Das war keine übliche Fanpost. Es klemmte eine Visitenkarte obendran. Die Adresse durchgestrichen. Ich dachte, vielleicht ist er frisch getrennt? Das habe ich bei der Kulturdame in Backnang recherchiert. Ja, er lebt in Trennung. Von da an haben wir uns sechs Wochen geschrieben, nur Briefe geschrieben. Und zwischendurch mal telefoniert. Oh Mann, das war hocherotisch, weil man sich ja sein ganzes Leben dann schon erzählt. Der Blutdruck stieg. Und nach sechs Wochen hat er mich besucht in Berlin. Ich wohnte wie üblich in einem Hotel in der Meinekestraße und bin fast gestorben vor Aufregung. Er auch. Als er die Treppe hochstieg, hatte er fürchterliches Lampenfieber. Es war die Angst, man hätte sich in was reingesteigert, und dann steht der Falsche vor der Tür!

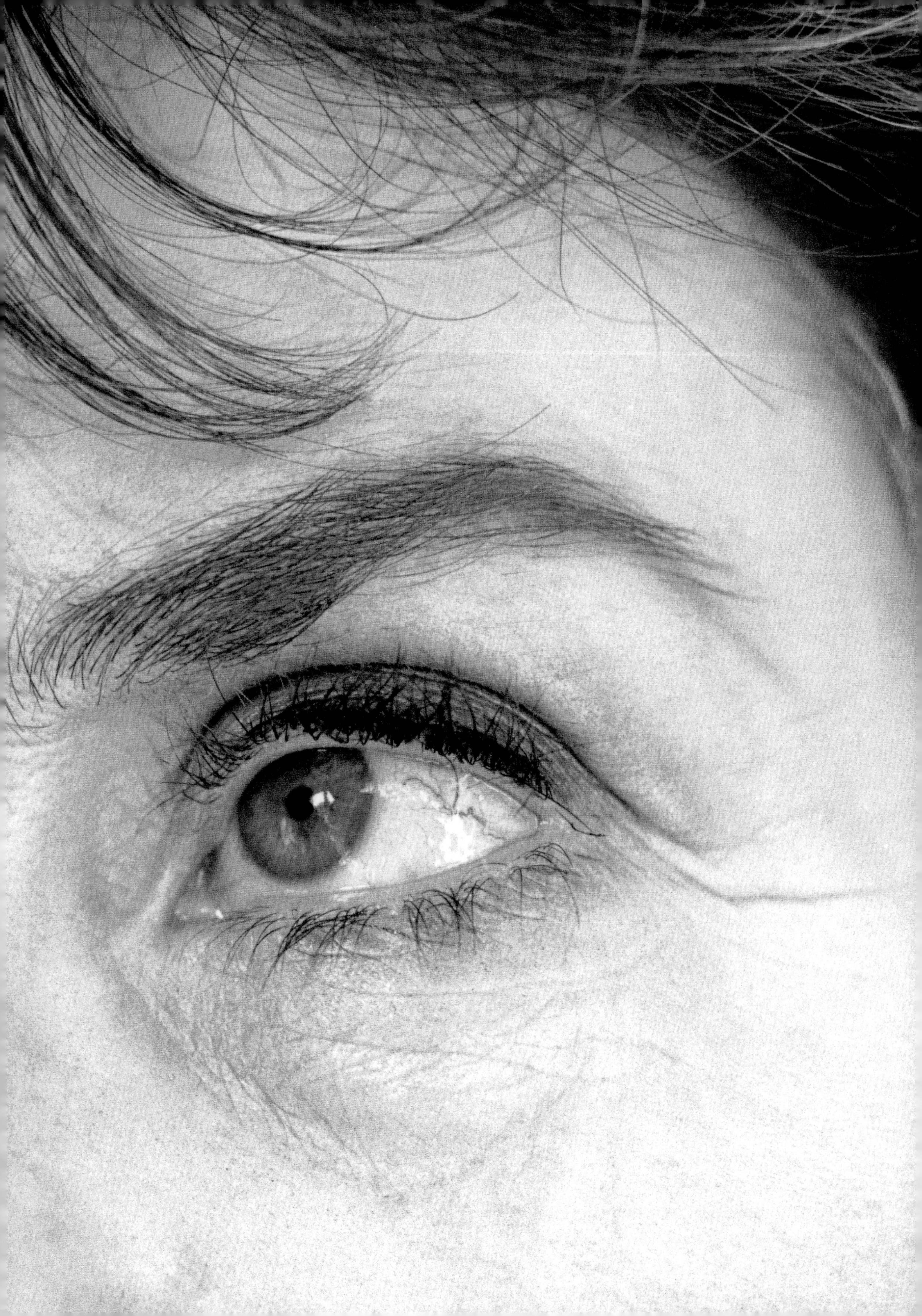

„ANSTRENGUNG STECKT MAN NICHT MEHR SO LEICHT WEG.“

Und man wünscht sich so, dass es der Richtige ist!
Es war der Richtige! Zwei Wochen später habe ich ihm einen Heiratsantrag gemacht.

Was?!
Ja, und dann überlegte er. Abgelehnt? Hm, hm, es ist ja nur aus Vorsicht, man muss doch erst mal … und ein knappes Jahr später waren wir verheiratet. Während seiner letzten zehn Berufsjahre hat er ein Unternehmen in Frankfurt geleitet, wir haben also eine Wochenendehe geführt. Aber danach ist er bei mir in München eingezogen, hat sein Leben neu sortiert. Er hat sich seinen Traum erfüllt und studiert seitdem konzentriert Geschichte und Philosophie. Aus Vergnügen. Und ich drehe eben Filme.
Es ist das Beste, was mir in meinem Leben begegnen konnte. Erst mal der schicksalhafte Zufall, dass wir uns gefunden haben. Das ist im Alter von 46 ja nicht selbstverständlich, dass man nach zwei Wochen weiß, dies hält, und es hält bis ins hohe Alter.

Interessiert sich Ihr Mann für Ihre Arbeit?
Absolut! Er liest natürlich die Drehbücher. Im Übrigen sind wir der Meinung, die Gleichwertigkeit in einer Partnerschaft ist entscheidend. Wir wollen nicht aneinander rumerziehen. Jeder respektiert den anderen so, wie er ist, und will ihn nicht verbiegen. Das lernt man erst mit den Jahren.

Was wünschen Sie sich für die Zukunft?
Rollen, die meinem Alter entsprechen und meiner Lebenssituation. Wenn ich weiß, dass eine Gesellschaft immer älter wird und die Älteren fast schon die Mehrheit sind, müsste darüber nachgedacht werden, was diese Generation bewegt. Und hier geht es nicht nur um schwierige Erfahrungen wie Krankheit, Verlust eines Partners oder Armut. Ich kenne viele ältere Menschen von höchster geistiger Lebendigkeit, die dem Leben eine heitere, komische und sogar verrückte Seite abgewinnen. Dies sind meine Wunschrollen der Zukunft. Bin mal gespannt …

„ICH SCHWIMME, ABER ICH BIN KEIN TREIBHOLZ“

DOROTHEE DEVLIN

geboren *27. Februar 1951 am Starnberger See*
Beruf *Eventmanagerin*

DOROTHEE DEVLIN wird am 27. Februar 1951 am Starnberger See geboren. Der Vater ist Offizier bei den Gebirgsjägern und wird alle paar Jahre an einen anderen Standort der Bundeswehr in Alpennähe versetzt. Dorothees Wiener Mutter und die beiden Schwestern gewöhnen sich an das ständige Umziehen im Soldatenleben und lernen zwischen Mittenwald und Bad Reichenhall jeden Winkel Bayerns von West nach Ost kennen. Die drei Mädchen werden auf Skiern groß.
Bei den Olympischen Spielen in München 1972 arbeitet Dorothee Devlin, damals noch Griessler, im Büro des legendären Präsidenten des Nationalen Olympischen Komitees, Willi Daume. Sie wird Eventmanagerin bei vielen Großveranstaltungen. 2002 heiratet sie einen amerikanischen Sportreporter und zieht zu ihm nach Lake Placid. Nach seinem frühen Tod geht sie zurück nach Deutschland, um ihren pflegebedürftigen Vater aus einem Heim zu holen und bei sich aufzunehmen. Im März 2013 stirbt der Vater. Im August muss sie aus ihrer Wohnung ausziehen.
Und jetzt? Mit 63 steht alles auf Neustart.

Dorothee Devlin hält an diesem sonnigen Mainachmittag in Bayern ein Sträußchen selbstgepflückter wilder Narzissen in der Hand. Die gibt es nur noch ganz selten und nur für die, die Augen haben für die kleinen Verstecke der Natur. Groß, blond, stattlich steht sie da, diese weitgereiste Frau, und wirkt so ruhig und beruhigend, als könne sie nichts erschüttern. Dabei ist ihr Leben gerade völlig aus den Fugen geraten. Kein Stein ist auf dem anderen geblieben. Sie schwimmt. Ihr Mann ist schon neun Jahre tot, aber der Todestag vor drei Wochen löst immer noch schwärzeste Verzweiflung aus. Ihr alter Vater, um den sie sich nach ihrer Rückkehr aus den USA gekümmert hatte, ist im März gestorben. Sie hat keine Kinder, ihre beiden Schwestern haben eigene Familien. Und nun? Wohin soll die Reise gehen? Ihre Wohnung am Chiemsee hat der Vermieter völlig unerwartet wegen Eigenbedarfs gekündigt. An welchem Ort soll sie wohnen? Und warum? Hier in Bad Reichenhall hat sie auch schon mal gelebt, alles ist vertraut, aber lange her. Wäre das richtig? Gäbe es eine Aufgabe, was tun den ganzen Tag? Ja, was? Zurückgehen in die USA? Da sind viele Freunde, in Las Vegas, auch in Montreal. Oder sind in Bayern die tieferen Wurzeln? Ist da so etwas wie Heimat? Ihre Augen werden feucht.
Dorothee ist allein. Sie hat viele Freunde, ist überall willkommen, aber ihr fehlt ein Ankerplatz. Ihre Welt ist zerbröselt. Und das mit 63, wo es viele in geordneten Verhältnissen langsamer angehen lassen. Schon die 60 gefiel ihr nicht. Mit 60, sagt sie, bekam sie einen Knacks. Diesen Geburtstag fand sie richtig scheiße: „Jetzt gehöre ich zum alten Eisen", dachte sie. Aber man gewöhnt sich an die Zahl und stellt fest, dass sich eigentlich nichts geändert hat am nächsten Morgen. Außerdem nimmt das Leben keine Rücksichten auf schlechte Stimmungen. Diese Erkenntnis wurde befördert durch die bittere Erfahrung, dass das Team für die gescheiterte Olympiabewerbung der Winterspiele 2018 in München und Bayern ihre Bewerbung abgelehnt hatte. Erfahrung? Kontakte? Bah! Zu alt! Und da war sie erst 59! Eine junge Mannschaft sollte das moderne Deutschland repräsentieren, dessen Gesicht die ehemalige Eisprinzessin Katarina Witt war. Das tat weh.
Dorothee hält nur lose Enden in der Hand. Wie ganz am Anfang ihres Berufslebens, als sie so jung war, dass auch ihr privates Leben noch nicht begonnen hatte. Keine Männer, keine Sehnsucht, keine Liebe und kein Tod. Oh, und da war sie mutig, bot ihrem Vater die Stirn, kannte keine Ängste. Als die Lehrerin in München sich über die Kringel auf ihren „i" mokierte und alle Hefte nachschreiben ließ, erklärte sie ihrem Vater, mit dieser Schule sei es vorbei. Sie geht ein Jahr als Au-pair-Mädchen an die amerikanische Ostküste nach

DOROTHEE DEVLIN

Boston. Was für ein Unterschied zwischen dem Leben in Amerika und der muffigen Atmosphäre im Nachkriegsdeutschland. Ihre Abenteuerlust ist geweckt. Bei ihrer Rückkehr erklärt sie ihrem Vater, sie werde eine Skilehrer-Ausbildung am Arlberg machen und dann 1972 als Skilehrerin bei den Olympischen Winterspielen in Sapporo arbeiten. Japan! Der Vater legt sein Veto ein. Olympische Spiele gäbe es 1972 doch auch in München, die Sommerspiele. Da soll sie hin. München statt Sapporo – lächerlich.
„Am Tag der Mondlandung, dem 20. Juli 1969, stellte ich mich widerwillig beim Olympischen Organisationskomitee vor. Nach zehn Minuten war ich als Sekretärin engagiert. Weil ich bei meinen Fähigkeiten geschwindelt hatte: Steno, Schreibmaschine, Englisch, Französisch. Ich dachte, bei einem Test, mit dem ich fest gerechnet hatte, fliegt alles auf und ich raus. Ich wollte den Job nicht, weil ich mich von meinem Vater bevormundet fühlte. Dabei war es das Beste, was mir angesichts meiner Interessen und meiner Fähigkeiten passieren konnte."
Sie lernt gehorsam Steno und Schreibmaschine und findet eine Art Berufung. Das Organisieren liegt ihr, sie ist teamfähig, belastbar, kreativ, hat Menschenkenntnis und Improvisationstalent. Wie im Rausch erlebt sie nach den Jahren der Vorbereitung die heiteren Spiele von München 1972, die von dem brutalen Attentat palästinensischer Terroristen überschattet werden, bei dem elf israelische Sportler getötet werden. Dorothee wechselt zum Organisationskomitee der Fußballweltmeisterschaft 1974 in Frankfurt. Deutschland gewinnt. Von da fliegt sie nach Montreal zu den nächsten Olympischen Spielen. Der internationale Sport ist ihre Welt geworden, und sie ist ein Teil davon. Sie kennt die Athleten, die Funktionäre, die Orte. Sie knüpft Netzwerke, die Bestand haben. Bis heute feiern die 1972er von München jedes Jahr nostalgisches Wiedersehen. Zum 25-jährigen Jubiläum kam sogar die schwedische Königin Silvia, die sich als Hostess bei den Spielen in den späteren König Gustaf Carl verliebt hatte.
Dorothees Vater behielt recht. München war das Sprungbrett in die Welt. Aber das Schicksal setzt ihr auch da schon hart zu. Der berufliche Höhenflug, die spannende Reise durch die internationalen Events hat einen dunklen Schatten, der sie stetig begleiten wird. Das private Glück lässt sich nicht festhalten. Dorothee ist heimlich mit dem kanadischen Vizepräsidenten des Olympischen Komitees in Montreal verlobt. Nach den Spielen 1976 wollen sie heiraten. Immer öfter fällt ihr auf, dass er sich verändert, einschläft, wenn Gäste da sind, ständig unter Kopfweh leidet. Stress wegen der Vorbereitungen der Spiele wird wohl die Ursache sein, so vermutet das Paar. Es ist ein Gehirntumor, der kurz darauf ein Blutgerinnsel auslöst. Simon St. Pierre stürzt mit seinem Pferd und stirbt neun Tage später im Krankenhaus. Dorothee sitzt gerade mit einer kanadischen Delegation in Innsbruck beim Essen, als ein Mitglied in den Raum platzt und die tragische Nachricht verkündet. Eine Freundin, die den Hintergrund kennt, drückt ihr ein Glas Schnaps in die Hand. Neun Tage später beginnen die Spiele in Innsbruck. Dorothee macht tapfer ihren Job in Montreal. Danach geht sie zurück nach Deutschland, betäubt sich, die Jobs kommen und gehen, sie arbeitet bei einer Filmproduktion und lernt ihren späteren Mann Art Devlin, einen amerikanischen TV-Reporter, kennen. Er war Skispringer wie ihr Vater. Der hatte 1948 in St. Moritz bei den Spielen die Fahne für Österreich getragen. „Yes, I remember", sagt Art Devlin, der 28 Jahre ältere Journalist, „he was the tall blond good looking guy."- „How do you know?" Er weiß es, weil er bei derselben Eröffnungsfeier die Fahne für die USA getragen hatte. Die beiden finden Berührungspunkte, die sie an Fügung glauben lassen. Zu früh. Dorothee ist noch nicht bereit für eine neue Beziehung, sie trauert um den verstorbenen Gefährten. Außerdem ist Art verheiratet, seine Frau unheilbar krebskrank. Sie gehen auseinander.
12 Jahre arbeitet sie für die Münchener Messe, lebt allein, dann trifft sie den Amerikaner wieder. Seine Frau ist gestorben. Gefühle flammen wieder auf, und sie versuchen zu schnell, zu ungeschickt eine Beziehung in Amerika aufzubauen. Arts drei Kinder reagieren mit Eifersucht auf die neue Frau. Nach ein paar Monaten gibt Dorothee auf. Er stand nicht wirklich zu ihr, die Perspektive erschien schwammig. Acht Jahre dauert die erneute Pause, acht lange Jahre, aus heutiger Sicht vergeudete Zeit. Sie engagiert sich

„ES IST FÜR MICH ETWAS GANZ NATÜRLICHES, MICH UM MENSCHEN ZU KÜMMERN, DURCH DIE ICH SO VIEL LIEBE UND FÜRSORGE ERLEBT HABE."

bei der Kampagne „Keine Macht den Drogen", plant die Eröffnung des Münchener Flughafens 1992 in Erding mit: 4000 Menschen feiern beim Opening eine heiße Party und vergessen darüber alle Pannen beim Bau.
Es geht noch größer. Für die Motoren- und Turbinen-Union (MTU) in München veranstaltet sie mit ihrem Team eine Show der wirtschaftlichen Visionen für 12 000 Mitarbeiter. Das Unternehmen schickt sie durch die Kontinente. 1998 begegnet sie in Montreal Art Devlin wieder. Im Jahr darauf kommt er überraschend und unter einem Vorwand zum Oktoberfest nach München, nur um sie wiederzusehen. Da endlich, so spät, stimmt das Timing. Dorothee wird 50, ihr Mann 78. „Ich habe ihn kennengelernt, als er ganz jung war. Und so ist er für mich geblieben. Er war sehr sportlich, locker, nichts konnte ihn aus der Ruhe bringen." 2000 folgt sie ihrer großen Liebe endgültig nach Lake Placid, 2001 heiratet das Paar. Es ist tatsächlich sehr spät, fast zu spät. Am 26. August 2003 wird bei Art Devlin ein Gehirntumor festgestellt. Er hat keine Chance.
Für seine Frau beginnt die Phase des Kümmerns und Pflegens. Durch die Bestrahlungen verändert sich sein Lebensrhythmus. Er verliert das Zeitgefühl. „Morgens um fünf sagte er, oh, es ist fünf Uhr, Happy Hour. Wie wäre es mit einem Bier, ein paar Crackern und Salami? Dann sagte ich, du, es ist erst fünf Uhr morgens. Nein, nein, widersprach er, es ist doch schon Abend, und er hätte jetzt Lust auf Drinks und Snacks. Und dann habe ich ihm sein Bier und mir ein Glas Wein geholt, und nach zwei Stunden haben wir beschlossen, okay, nun schlafen wir eine Runde. Ich habe mir damals gesagt, das ist die Zeit, die wir miteinander haben. Die Ärzte meinten, ein- bis eineinhalb Jahre wären realistisch. Aber dann blieben von der Diagnose bis zum Tode nur neun Monate." Im April 2004 stirbt Art Devlin. Das gemeinsame Glück dauerte so unfassbar kurz. Die Zeit tiefster Trauer und der Schmerz des Verlustes werden noch schwerer erträglich durch Erbschaftsstreitigkeiten mit seinen drei Kindern. Dorothee zieht so lange, bis die rechtlichen Fragen geklärt sind, nach Las Vegas, in die Stadt der Kongresse und Messen.
2011 ruft ihre Schwester aus Deutschland an, dem Vater gehe es schlecht. Ob Dorothee wohl ein bisschen Urlaub nehmen könne? Der Vater lebt allein, die Mutter war vier Jahre vorher gestorben. Sie kommt und ist für ihn da. Das Leben als Helferin für andere geht weiter. 2012 müssen die Schwestern den Vater nach einem Sturz in ein Pflegeheim geben. Dorothee entschließt sich, ganz nach Deutschland zurückzukehren. Sie besucht ihren Vater und sieht ihn in einem Einzelzimmer in seinem Sessel sitzen und stumpf aus dem Fenster schauen. Die letzte Station. Ein unerträgliches Bild. „Es ist für mich etwas ganz Natürliches, mich um Menschen zu kümmern, durch die ich so viel Liebe und Fürsorge erlebt habe. In meiner Kindheit bei meinen Großeltern am Grundlsee gab es noch Großfamilien auf den Nachbarhöfen. Da war ein Zusammenhalt, ich habe gesehen, wie die Großmutter im Haus mitlebte. Geben und Nehmen. Das war anders als bei den Kindern meines Mannes, die meinten, wir müssten jede Woche eine Konferenzschaltung machen und telefonieren. Dann könnten sie sehen, wie es ihrem Vater ginge."
Sie wohnt auf der Westseite des Chiemsees und nimmt ihren pflegebedürftigen Vater im September zu sich. Sein Zustand verbessert sich zunächst, aber im März 2013 stirbt er. Kurz vor seinem Tod wird ihr die Wohnung gekündigt wegen Eigenbedarf. Und wohin jetzt?
Ist dies endlich die Zeit, sich um sich selber zu kümmern? Vielleicht demnächst. Den Plan, in die USA zurückzukehren, hat sie bald verworfen. Aber plötzlich keimt eine erste Idee. Bayern, die vertraute Kindheitsheimat im wunderschönen Voralpenland, könnte doch ein Standort werden, von dem aus sich was machen ließe. Wie wäre es mit einem kleinen Tourismus-Unternehmen, das in Bayern, im Salzkammergut und in Südtirol an versteckte Plätze und Eckchen führt, die nur Einheimische kennen und abseits der Trampelpfade für die Massen liegen. Ein paar betuchte Amerikaner, die mit einer Privatperson reisen möchten … das könnte gehen. Darüber muss nachgedacht werden. Ängste? „Hin und wieder. Das ist doch ganz normal. Ich schwimme, aber ich bin kein Treibholz!"

„ICH MÖCHTE KEINEN TAG JÜNGER SEIN“

MARTINA MEUTH

geboren *29. Dezember 1948 in Stuttgart*
Beruf *TV-Köchin*

Seit 26 Jahren steht **MARTINA MEUTH** im Fernsehen am Herd. Sie ist die dienstälteste deutsche TV-Köchin. Woche für Woche animiert sie mit ihrem Mann Bernd Neuner-Duttenhofer, genannt Moritz, im WDR eine eingeschworene Gemeinde von Fans zu Variationen von Fisch, Fleisch und Gemüse. „Kochen mit Martina & Moritz“ ist der Titel der Sendung. Meist kümmern die beiden sich um gehobene Hausmannskost und gewinnen den kalorienreichen Gerichten unserer Großeltern leichtere Seiten ab. Aber natürlich hat das weitgereiste Ehepaar auch neue Rezepte aus fremden Ländern und Regionen im Repertoire. Sie kabbeln sich immer ein bisschen, so wie im richtigen Leben, wenn zwei gleichzeitig die Suppe würzen. Martina mit den bunten Ohrringen ist dabei die Chef-Köchin, Moritz mit der roten Brille der Chef für Warenkunde und Weine; vor allem im Finish soll er seine Finger aus den Töpfen halten. Martina Meuth wird am 29. Dezember 1948 in Stuttgart geboren und ist ihrer Mutter bis heute dafür dankbar, dass sie ihr das Schwäbisch ausgetrieben hat. Seit 1985 lebt sie mit ihrem Mann Moritz auf dem wunderschönen Apfelgut Neunthausen bei Sulz-Hopfau südwestlich von Stuttgart. Hier gibt das Paar Kochseminare, brennt aus den angebauten Früchten köstliche Brände, kocht Marmeladen ein, kreiert Saucen und verarbeitet alles, was auf dem Gut heranwächst.

„Es gab am Abend dieses Arbeitstages ein opulentes Mahl. Meiner Bitte, den Kavier zu teilen, wurde allerdings nicht entsprochen."
(Konrad Rufus Müller)

Der Nordschwarzwald ist von herber Schönheit. Bei Sonnenschein verführt er mit duftenden Tannen, waldigen Höhen und Blumenwiesen. Wenn es regnet, und das ist ziemlich oft der Fall, oder im Winter, muss man klare Vorstellungen davon haben, was man hier sucht. Nieselig und neblig, unheimlich und ungemütlich kann es sein. Dann verbergen sich alle Reize der abwechslungsreichen Landschaft hinter tiefhängenden Wolkensäcken. Kommt man dann weiter nach Sulz-Hopfau zu Martina & Moritz, zeichnet sich ein beeindruckendes, sich an den Hang schmiegendes und schon von weitem sichtbares Anwesen ab: Das Apfelgut aus Moritz' Familie. Sein Ururgroßvater, Unternehmer und Erfinder einer kriegsentscheidenden Neuheit, des Pulvers ohne Rauch, genehmigte sich hier ein standesgemäßes Sommerhaus. 500 Quadratmeter stolze Architektur, mit mehreren Giebeln und Flügeln. Innen hohe Räume, holzgetäfelt, ein gewaltiges Speisezimmer – eigentlich ein Saal – mit bleiverglasten Fenstern, eine reichbestückte Bibliothek, die vor allem Kochbücher aus aller Welt enthält. Die Küche im Untergeschoss mit einer skurrilen Sammlung von Fleischwölfen an der Wand ist so groß, dass man sich darin unwillkürlich Küchenpersonal bei der Arbeit vorstellt. Oder eben die Gäste eines Kochkurses. Eine zauberhafte Terrasse mit Pizzaofen gibt den Blick frei auf die Apfelplantage und den Gemüsegarten. Der zweieinhalb Hektar große Park drumherum ist liebevoll angelegt, es grünt und blüht, dazu sieben Hektar Äpfel und „noch ein bisschen Wald", das will bestellt sein. Zehn Angestellte sind für den Betrieb zuständig, und Meuth-Neuner-Duttenhofers fassen mit an.
In einem separaten Haus mit einer weiteren Küche wird die Kochsendung fürs Fernsehen aufgezeichnet. Hier gibt es auch einen kleinen Hofladen mit Produkten aus eigenen Erzeugnissen: Vom Apfel Säfte, Cidre, Brände, Liköre und diverse Gelees, dazu süße Konfitüren aus Beeren, Quitten, Kirschen, aber auch Eingelegtes und Essige, die Bücher der Hausherren über ihre Gourmet-Trips sowie ausgesuchte Accessoires.

Es war ein 30 Jahre langer Weg mit vielen Fehlentscheidungen und Entwicklungsstufen, bis das Ehepaar eine gutgeölte Maschinerie namens Apfelgut konstruiert hatte, in der kleine und kleinste Rädchen miteinander funktionieren.
Martina Meuth stammt aus einem gastlichen Milieu: „Wir waren eine große Familie, meine drei Brüder und ich, mein Vater, der Ingenieur war, und meine Mutter, wie damals üblich, Hausfrau. Sie war künstlerisch sehr interessiert und brachte viele Freunde aus dieser Szene mit. Es saßen also immer noch andere Menschen am Tisch, die über ganz fremde Themen sprachen. Das war für mich sehr wichtig. Sie war wirklich sehr kommunikativ. Als ich direkt nach dem Abitur auszog, hatte sie sogar einen Jour fixe. All das war für mich sehr wichtig."
Zu Hause wurde also vorgelebt, was Martina Meuth später selber lebte: essen mit Freunden, kochen für Gäste. Das Abiturzeugnis noch in der Hand, verließ sie Stuttgart gleich am nächsten Tag Richtung München, begleitet von ihrem jahrelangen Jugendfreund. Gegen den Willen der Eltern. „Ich hatte zwei klare Ziele. Ich wollte den Mann, und ich wollte Journalistin werden, reisen, Menschen treffen und schreiben. Er hat mich in einem kleinen geliehenen Auto abgeholt mit meiner Daunenbettdecke und fünf Kochtöpfen, denn gekocht habe ich damals auch schon gern. Ich bin einfach abgehauen, weil mein Vater diese Entscheidung nie gutgeheißen hätte. Da ich ja nichts konnte, habe ich anfangs als Kindermädchen gearbeitet. Ich brauchte Geld, und bei der Journalistenschule musste ich warten, bis der neue Jahrgang anfing." Dass sie die Aufnahmeprüfung bestehen würde, stand für sie außer Frage. „Und so war es ja auch!"
Mit 21 heiratet Martina Meuth diesen Freund, einen Antiquitätenhändler, schmeißt ihren ersten Job bei einer Zeitschrift dafür hin und steigt mit ein in seinen Laden in Schwabing. Das Paar fährt alle vier Wochen nach England zum Einkaufen, damals ein Eldorado für Händler und Sammler. Er kennt sich aus mit Möbeln, sie ist zuständig für Silber. Nach drei Jahren ist alles aus und vorbei. Eine unangenehme Erfahrung. Martina heißt wieder Meuth und will nie, nie wieder heiraten.

„ICH SEHE MICH EIGENTLICH NOCH IN DER BLÜTE MEINER JAHRE."

Nach ihrer Ausbildung als Journalistin kommt sie bei einer großen Frauenzeitschrift unter. Während des Wartens auf ihren Vorstellungstermin beim Chefredakteur blättert sie das Heft kurz durch, während des Gesprächs plappert sie gleich keck drauflos, was alles schlecht sei. Vor allem der Kochteil – einfach ätzend. Sie wird engagiert und nach ein paar Monaten beauftragt, diesen Teil zu verbessern. „So bin ich beim Kochen gelandet. Ich war nie auf die Idee gekommen, dass man das beruflich machen kann. Diese Seiten wurden damals nicht von Journalisten gemacht, man druckte lediglich Rezepte. Aber es fand gerade ein Umbruch statt. Paul Bocuse wurde bekannt, Essen, Trinken und Genießen bekamen einen anderen Stellenwert. Bis dahin hatte sich niemand dafür interessiert."

Fast zwölf Jahre lang entwickelt sie nun neue Konzepte. Dann lernt sie einen anderen Seiteneinsteiger kennen und verliebt sich. Der abgebrochene Theaterwissenschaftler Bernd Neuner-Duttenhofer, genannt Moritz, betreut in einem anderen Verlag den Kochteil. „Nach einer Weile haben wir unsere Schüsseln zusammengestellt. Als seine Mutter starb, stand das riesige Anwesen im Schwarzwald leer, und wir überlegten uns, ob wir es weiterführen oder besser verkaufen sollten. Das Apfelgut schrieb rote Zahlen, das Haus war dringend renovierungsbedürftig. Weiterführen hatte nur Sinn mit einer zündenden Idee für etwas richtig Neues."

In den ersten Jahren investierten die beiden ihren kompletten Verdienst aus ihrer journalistischen Arbeit. Dann ging es langsam bergauf. Und heute? Außer den Produkten des Apfelguts, die sich vermarkten lassen, liefert der Gemüsegarten fast alles, was man für die sommerlichen Kochkurse braucht. Die Themen heißen „Wiener Beisl-Spezialitäten", „Aus römischen Trattorien", „Alpenküche aus Südtirol und Graubünden", „Wild und Wein" oder „Fisch und Meeresfrüchte". Alles wird gemeinsam zubereitet und verspeist. Und wenn der Gott des Schwarzwalds gnädig gestimmt ist, kann die Gruppe draußen unter der Pergola mit Blick in die Apfelbäume schmausen und träumen. Das Apfelgut bietet dreitägige Seminare an und eintägige Kompaktkurse, die sich koppeln lassen.

Manche Rückschläge mussten verkraftet werden. „Heute wirkt alles so folgerichtig, aber so war es natürlich nicht. Mal war das Dach undicht, dann kamen die verrotteten Fenster dran, oder der Sturm schlug eine Schneise in den Wald. Aber wenn in den Sommerferien das Haus lebendig ist, voll mit Freunden oder der Familie, und alles funktioniert, dann ist es wunderschön."

Das Neue am Konzept für die Fernsehsendung „Kochen mit Martina & Moritz" war das Kochen zu zweit – damals revolutionär. Wenn überhaupt, wurde stumm in Töpfen gerührt, bis im März 1988 die beiden den verblüfften Zuschauern mit „pädagogischem Eros" spielerisch eine Lust am Kochen zu vermitteln suchten. 50 Sendungen pro Jahr inklusive Wiederholungen laufen inzwischen über die Sender. Mit einer munteren, vor Lebenslust sprühenden Martina Meuth, die keine Sekunde an Aufhören denkt. Warum auch? „Ich möchte keinen Tag jünger sein, weil ich jetzt die Summe dieser Jahre und die Summe der gesammelten Erfahrungen bin. Auch der Faktor Zeit spielt für mich keine Rolle. Ich habe nicht das Gefühl, dass ich mich jetzt beeilen muss, weil ich nicht mehr genügend Zeit habe. Ich sehe mich eigentlich noch in der Blüte meiner Jahre."

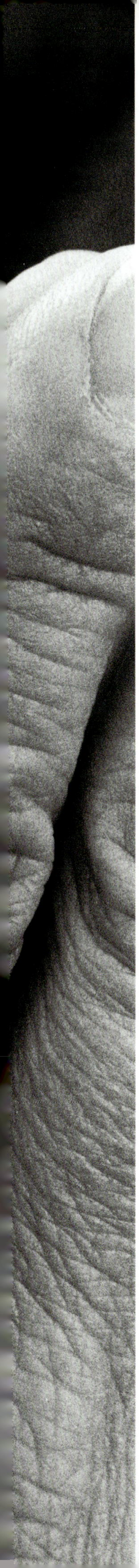

„WENN ICH WAS MACHE, MACHE ICH ES RICHTIG“

MARINA RUPERTI

geboren *19. September 1952 in Hamburg*
Beruf *TV-Journalistin*

Sie will gar nicht Karriere machen. Und dann passiert es doch. Durch Zufall kommt die ausgebildete Lehrerin zum Fernsehen: Politische Berichterstattung, das ist ihr Ding. Als Youngster darf sie zunächst an amerikanischen Dokumentationen über die Friedensbewegung oder den Nato-Doppelbeschluss, die Reizthemen der Zeit, mitarbeiten. Dann holt sie der amerikanische TV-Sender CBS für ein Jahr in ihre Traumstadt London. Da ist sie noch hinter der Kamera, aber bald geht sie auf Sendung und moderiert zunächst bei Sat. 1, schließlich im ZDF: das Heute-Journal und das Mittagsmagazin und von 2000 bis 2011 das sonntägliche Frauenmagazin Mona Lisa. Sie wird ein vertrautes Fernsehgesicht. Dabei wollte sie nie, nie selber auf den „Schirm“. Ihr Lampenfieber ist sie nie losgeworden.
MARINA RUPERTI wird am 19. September 1952 in Hamburg geboren und genießt mit ihren beiden Geschwistern eine unbeschwerte Kindheit. Sie ist mit dem Fernsehjournalisten Ruprecht Eser verheiratet und hat mit ihm die Zwillinge Tandi und Sunny. Das Paar lebt in Hamburg. Die temperamentvolle Marina Ruperti dreht heute TV-Filme, am liebsten Porträts, und ordnet gerade mit ihrem Mann ihr Leben neu, denn die Kinder haben angefangen zu studieren und das Elternhaus verlassen.

◄ „Ende des achtzehnten Jahrhunderts schuf Johan Cesar Godeffroy in Hamburg-Nienstedten den Hirschpark und pflanzte eine vierreihige Lindenallee. Sehr zur Freude seiner Ururenkelin Marina Ruperti.“
(Konrad Rufus Müller)

Nein, ich bin niemand, der allein im Wald spaziert und sagt, ach, ist es nicht schön, wie hier die Blaubeeren wachsen. Für mich ist ein Tag schön, wenn es eine Begegnung gab, die mich bereichert. Ich brauche Menschen um mich. Ich muss was aus meinen Tagen machen und ärgere mich, wenn sie einfach so verstreichen, und ich abends ins Bett gehe, ohne über irgendetwas gerade Erlebtes lächeln zu können.

Einmal habe ich mir nachts – ich schlafe oft schlecht – einen Zettel geschrieben. Darauf steht: „Warum eigentlich nicht?" Diesen Zettel gucke ich mir jeden Tag an. Und wenn ich mir etwas überlege, was ich gern machen würde, und dann denke, Marina, du spinnst, das geht doch gar nicht, dann schaue ich auf diesen Zettel: Warum eigentlich nicht?! Ich weiß, es kommt etwas Neues – in meinem Leben ist immer etwas Neues gekommen.

In der Familie gibt es gerade einen Umbruch: Die Zwillinge sind aus dem Haus, das Nest ist leer. Also, nicht dass ich das Empty-Nest-Syndrom hätte! Ich grüble nicht darüber, wozu ich jetzt noch da bin und wie meine Perspektiven sind. Nein, aber mir fehlt das Leben in der Bude, das Kommen und Gehen. Ich liebe das Kommen und Gehen, vorausgesetzt, jeder hat sein Eckchen, in das er sich zurückziehen kann, geht raus und bringt seine Erlebnisse, seine Eindrücke wieder mit zurück. Ich konnte im Hauseingang anhand der Schuhe sehen, wie viele Leute sich übers Haus verteilt hatten. So haben wir gelebt. Die Kinder waren immer sehr frei, und wir haben uns immer aufeinander gefreut. Ich bin kein Controletti. Der Trubel fehlt mir. Nicht so, dass es mir weh tut, er fehlt mir einfach. Aber ich genieße auch das Stückchen mehr Freiheit. Allmählich reifen so ein paar Pläne und Ideen. Das ist mein Naturell. Ich hatte schon in der Schule eine Lehrerin, die zu mir sagte, Marina, Sie wollen zu viel für das, was Sie können. Da ist sicher viel dran. Ich habe mich immer überfordert.

60 zu werden ist für mich ein uninteressantes Datum gewesen. Die Jahre 2011 und 2012 waren einschneidender. Wir mussten von Menschen, die uns nah waren, Abschied nehmen. Meine Mutter starb zwölf Tage vor ihrem 100. Geburtstag. Sie war ein besonderer Mensch und für mich wie für die Kinder sehr wichtig. Sie hat uns mit ihrer immer positiven Art viel gegeben. Ich hielt ihre Hand, als sie gestorben ist. Ein Erlebnis, das mich bis heute begleitet. In derselben Zeit zeichnete sich auch das Ende meiner Moderation beim TV-Magazin Mona Lisa ab, die Transformation in eine Familiensendung war nichts für mich. Obendrein stand das Abitur der Kinder bevor und damit die Tatsache, dass sie aus dem Haus gehen würden. Und das, fand ich, war ein wirklicher Abschnitt, eine Phase des Abschieds von den wichtigsten Komponenten, von Menschen und Konstellationen, die zumindest 20 Jahre mein Leben bestimmt hatten. Das hat mir keine Angst gemacht, aber es war ein Abschnitt. Nun nehme ich aber weiter teil am Leben meiner Kinder während ihres Studiums und lerne mit ihnen und von ihnen, was ja auch über die räumliche Distanz gut geht. Im Moment habe ich das Beste von allen Enden. Ich komme aus einer glücklichen Familie und ich lebe in einer glücklichen Familie. Ich habe viel Grund für Dankbarkeit.

Meine Kindheit hat mich sicher getragen – bis heute. Mein Vater war Kaufmann und ein Abenteurer. Geboren 1908 in Moskau, hat er sieben Jahre in China gelebt. Er war mit einer Chinesin verlobt, als er meine Mutter kennenlernte und sich in sie verliebte. Er ist sein Leben lang durch die Welt gereist und hat die internationale Politik mit nach Hause an den Esstisch gebracht. Von mir wurde nicht erwartet, dass ich Abitur machte, weil Mädchen sowieso geheiratet würden, aber dass ich Lehrerin wurde, fand er schrecklich – er selber hat seine Schulzeit gehasst. Als ich wegen einer Krankheit ein Jahr nicht arbeiten durfte und nach England ging, hat er mich in jeder Hinsicht unterstützt.

Ein sehr wirkungsvoller Aufenthalt. Ich lernte in London die legendäre, von allen verehrte Journalistin Gitta Sereny kennen, die aufsehenerregende Bücher schrieb. Dazu gehörte eine dicke Albert-Speer-Biographie und ein Buch über den Leiter von Treblinka, Franz Stangl, den sie im Gefängnis besucht und ihm ein Schuldgeständnis abgerun-

„WENN ICH IN DEN SPIEGEL SCHAUE, SEHE ICH EINEN MENSCHEN, DER MIT MIR NICHT SO VIEL ZU TUN HAT."

gen hat. Einen Tag vor seinem Tod. Gitta bat mich, dieses Buch mit zu übersetzen. Ich habe auch recherchiert für sie. Sie hat Bücher über Kinderprostitution geschrieben, was man damals eigentlich nicht tat, und über eine Kindesmörderin aus Nordengland. Auch da habe ich mitgeholfen und wusste: So möchte ich auch arbeiten.

Zurück in Hamburg, bekam ich eine Chance beim „Hamburger Abendblatt". Ich habe für die Beilagen, die „Pinneberger", die „Ahrensburger", die „Norderstedter Zeitung" geschrieben, über alles, was reinkam, vom Kaninchenzüchterverein bis zum Rentnerball und die örtliche Politik. 23 Pfennig pro Zeile, 50 Mark pro Foto. Dann fragte Bill Moyers vom amerikanischen Sender CBS an, ein wunderbarer Kollege, und ich arbeitete mit an einer politischen Dokumentation über den Nato-Doppelbeschluss, lernte Petra Kelly kennen. Damals eine Lichtgestalt für die alternative Bewegung. CBS lockte mich für ein Jahr wieder zurück in meine Traumstadt London, danach bewarb ich mich, um wieder in meiner Muttersprache arbeiten zu können, beim neugegründeten Sender Sat. 1. Wir waren eine Handvoll Leute, kaum einer hatte Fernseherfahrung. Daraus entstehen natürlich Chancen. Und ich machte außer der Redaktionsarbeit meine ersten Moderationen. Immer mit viel Gejammer: Ich kann es nicht, ich will es nicht. Ich sehe entsetzlich aus, so alt, und die Haare! Sie mussten mich zum Jagen tragen. Es war der Running Gag und hat nie aufgehört. Ich habe immer an mir gezweifelt. Wahrscheinlich hätte ich ins Radio gehört ... Ich bin leider typisch für die Frauen, die sagen, ich habe Glück gehabt, und nicht, ich bin so toll, kein Wunder, dass ich Karriere gemacht habe – aber so war es tatsächlich. Erst mal muss man ja die Gelegenheit überhaupt bekommen! Und ich bin ein Fleißarbeiter. Wenn ich was mache, mache ich es richtig. Das ZDF fragte an, ich ging zum Heute-Journal. Da habe ich meinen Mann kennengelernt. Er war mein Chef. Liebe in der gleichen Sendung, ein Pärchen zusammen auf dem Schirm – das ging durch den gesamten Boulevard. Damals war so was eine Sensation. Im superheißen Sommer 1992 kamen die Zwillinge auf die Welt, sechs Wochen vor der Geburt haben wir geheiratet. Bis drei Wochen vorher habe ich noch moderiert. Man konnte im Gesicht nichts sehen, und der Bauch wurde von der Kamera elegant übersehen. Oh Gott, der Bauch! Ich bin 1,58 Meter groß, mein Umfang war 1,05 Meter! Die Kinder lagen vorne. Ich sah grotesk aus.

Mein Mann baute in Köln einen neuen Fernsehsender auf, und ich saß in Hamburg in meiner kleinen Wohnung, die Zwillinge schrien. Wir haben sie wirklich gewünscht und heiß ersehnt, und als wir nicht mehr daran glaubten, kamen gleich zwei. Ich war fast 40. Aber die Realität hatte ich mir so nicht vorstellen können. Ich konnte mich zunächst gar nicht richtig freuen, ich war nur erschöpft. Wenn einer gerade satt war, hatte der andere Bauchweh. Einer schrie immer. Ich fand die Situation sehr, sehr schwierig. Nach zehn Monaten habe ich mir gesagt, ich liebe meine Kinder aus ganzem Herzen, aber arbeiten möchte ich trotzdem. Ein Anruf, und es ging los. Teilzeit hieß die Lösung, die in meinem Beruf gut hinzukriegen war. Und allmählich habe ich alles unter einen Hut gekriegt. Ich hatte ja das Beste: War ich zu Hause, freute ich mich auf den Job, und im Job freute ich mich auf zu Hause.

Das ist lange her, aber es kommt mir gar nicht so vor. Mein Gesicht, meine Hülle passt nicht mehr so ganz zu meinem Innenleben. Ich habe so eine intensive Jugend gehabt, in jeder Beziehung, da ging es raus aus der Liebe und rein in die Liebe. Und die ganzen Aufregungen, ruft er an oder ruft er nicht an? Diese Zeit ist mir so präsent. Und wenn ich in den Spiegel schaue, sehe ich einen Menschen, der mit mir nicht so viel zu tun hat. Ich hatte als Einzige in der Familie blondes Haar, und plötzlich sehe ich aus wie meine Geschwister, auch wie meine Mutter. Ich gucke mich an und frage, wer ist denn das, den ich da sehe? Wir sagen immer, jeder will alt werden, aber keiner will alt sein. Das stimmt schon. Ich kann nicht sagen, dass ich überhaupt keine Angst vor dem Alter habe.

„NUR ZU VERREISEN ODER ZU FAULENZEN GEFÄLLT WEDER MEINEM MANN NOCH MIR“

RENATE SCHMIDT

geboren *12. Dezember 1943 in Hanau am Main*
Beruf *Politikerin*

Die blondgelockte **RENATE SCHMIDT** ist bekannt geworden als bayrische Stimme der SPD. Von 1990 bis 1994 war sie Vizepräsidentin des Deutschen Bundestages. Im Kabinett von Bundeskanzler Gerhard Schröder amtierte sie von 2002 bis 2005 als Ministerin für Familie, Senioren, Frauen und Jugend. 2009 zieht sie sich nach 29 Dienstjahren aus der aktiven Politik zurück.
Renate Schmidt wird am 12. Dezember 1943 in Hanau am Main geboren. Mit 17 fliegt sie schwanger von der Schule, heiratet, bekommt noch zwei Kinder, wird mit 40 Großmutter, mit 41 Witwe und hat jetzt vier Enkelkinder. Sie arbeitet als Systemanalytikerin, bevor sie in der bayrischen SPD Karriere macht und nach dem Ministerpräsidentenamt greift. Unvergessen, dass der frühere CSU-Ministerpräsident Max Streibl die nervenstarke Kontrahentin als „Krampfhenne" tituliert hat.
Die barocke Fränkin mit dem typischen, weich gerollten R ist seit 1998 wieder verheiratet mit dem Berliner Künstler und Sozialwissenschaftler Dr. Hasso von Henninges. Sie betätigt sich u. a. bei Vodafone als Ombudsfrau für Datenschutz und Korruptionsbekämpfung, ist beratend für das Pharmaunternehmen Roche für Rheumatische Arthritis aktiv und Vorsitzende des Nestlé Zukunftsforums für Ernährungsfragen sowie Schirmherrin der Kampagne für „Zappelphilipp"-Kinder, die an ADHS leiden. Sie ist leidenschaftliche Köchin und Kunstliebhaberin. Renate Schmidt lebt in Nürnberg.

Also, auf dem Sofa kann man sie sich beim besten Willen nicht vorstellen, die Frau Schmidt. Gut sieht sie aus, mit dem bekannten Lächeln um die vollen Lippen, der immer noch sinnlichen Ausstrahlung, dem mittlerweile graugesträhnten Haar – „Natur!" – und dem bräunlichen Teint.
Die Dame ist eine Erscheinung. Die lange Liste ihrer aktuellen Aktivitäten kann man auf ihrer Website bestaunen. Nach gefühlten 50 Dienstjahren, wenn man Überstunden und durchgeackerte Wochenenden mitzählt, liegt der Schluss nahe: notorisch engagiert.

Frau Schmidt, Sie haben mit gerade 70 Jahren ein ausgefülltes Leben. Wie macht man das?
Man muss sich rechtzeitig damit auseinandersetzen und ein geglücktes Alter vorbereiten. Das kann jeder, mal vorausgesetzt, dass keine Schicksalsschläge wie schwere Krankheiten kommen. Viele Menschen, die mich hin und wieder in einer Fernsehsendung erleben, denken, ja, so wie die, das könnt ich nie. Aber das stimmt nicht. Das kann jede und jeder, und ich glaube, ich kann etwas dazu beitragen und Tipps geben, wie man sich mit dieser Lebensphase auseinandersetzt, sodass der eine oder andere denkt, ja, so könnte man es machen.

Fühlen Sie sich jung?
Nein!

Fühlen Sie sich alt?
Nein! Ja, ich fühle mich alt, aber nicht in einem negativen Sinn. Ich fühle, dass bestimmte Phasen meines Lebens abgeschlossen sind. Ich bin im Dezember 70 geworden, und mit 70 ist man alt. Aber ich fühle mich lebendig, sagen wir mal so. Und ich möchte mein eigenes Alter respektieren. 18 Stunden am Tag unter Strom zu stehen wie früher, wenn ich nach einer Veranstaltung um 23 Uhr noch ins Büro gegangen bin, um meine Briefe zu unterschreiben und, wenn es notwendig war, noch eine Rede zu formulieren – so was ist vollkommen ausge-

schlossen. Das geht nicht mehr. Und ich bin auch der Meinung, dass man es zulassen sollte, am Nachmittag so nach dem Mittagessen dem dringenden Bedürfnis zu folgen und eine halbe Stunde ein Schläfchen zu halten.

Hatte Ihr 60. Geburtstag eine Bedeutung für Sie?

Überhaupt nicht. Da war ich mittendrin und gerade mal ein Jahr Ministerin. Ich hatte gar keine Zeit, mich über Alter und Ähnliches zu unterhalten. Wir sind heute auch jünger im Alter, das Leben dehnt sich. Auch die 40- und 50-Jährigen sind heute jünger als früher. Natürlich nimmt die erotische Anziehungskraft ab. Der Körper schaut nicht mehr so aus wie früher, auch das Gesicht nicht mehr. Frauen werden auf der Straße unsichtbarer, Männer drehen sich nicht mehr nach einem um oder pfeifen einem nach. Diese Phase ist abgeschlossen, das muss man akzeptieren. Dadurch verändert sich auch einiges in den Beziehungen. Also, ich finde, Verliebtheit nimmt ab, Liebe wächst. Und wenn man wie in meinem Alter eine sehr gute, vertrauensvolle Beziehung hat, dann ist die Frage der Erotik zwar auch ganz hübsch, steht aber nicht mehr im Vordergrund. Nach dem Motto: Alles hat seine Zeit.

Natürlich kommt in meinem Alter auch der Gedanke an den Tod näher. Freunde sterben, und bei den Beerdigungen trauert man nicht nur um den Toten, sondern immer auch ein bisschen um sich selbst, weil man weiß, man könnte die Nächste sein. Mit 70 ist das einfach so. Damit sollte man nicht angstbesetzt umgehen, sondern sagen, ja, das gehört zum Leben dazu. Man sollte sich mit allen Eventualitäten auseinandersetzen, was möchtest du, wie mit dir in dieser Lebenssituation umgegangen wird.

Ihr Mann und Sie sind gleich alt. Einen wesentlich älteren Mann an Ihrer Seite kann man sich kaum vorstellen.

Also ich mir auch nicht. Jede Frau soll das bitte für sich entscheiden. Es mag auch Vorteile haben, mit einem älteren Mann zu leben. Aber ich glaube, in meinem Alter ist ein gleichaltriger Mann eigentlich ein Segen.

Arbeitet Ihr Mann noch?

Als wir uns kennenlernten, war er als Sozialwissenschaftler und Maler tätig. Heute ist er ausschließlich Maler. Im letzten Jahr hatte er in den ersten sechs Monaten drei Ausstellungen, danach wurde es etwas ruhiger. Aber er möchte natürlich meinen Rat und dass ich dabei bin.

Nach dem plötzlichen Tod Ihres ersten Mannes vor fast 30 Jahren waren Sie lange allein.

Ja. Ich habe bestimmt fast zwei Jahre gebraucht, um mich von dem Schock des Todes zu erholen. Danach habe ich mir schon gewünscht, dass es mal wieder jemanden gäbe in meinem Leben, der einen gewissen Stellenwert hat. Ich sage mal so, die Versuche, die zwischendrin stattgefunden haben, waren eher wenig erfolgreich. Es ist schon eigenartig, an was für Typen man teilweise geraten kann.

Es gab halt niemanden, der mit meiner Funktion als Politikerin oder Ministerin zurechtgekommen wäre, jemand, der eigenständig gewesen und weder intellektuell noch finanziell von mir abhängig gewesen wäre. Den gab es nicht. Mein Glück war, dass mein Freund, und nach drei Jahren zweiter Mann, am Anfang keine Vorstellung davon hatte, welchen öffentlichen „Stellenwert“ ich insgesamt hatte und was das für ein Zusammenleben bedeutet. Er war politisch weniger interessiert, hatte seine Arbeitszeit beim Institut für Arbeitsmarkt und Berufsforschung reduziert und ging in der Kunst auf.

Wie hat sich dann Ihre Prominenz und ungeheure Popularität auf Ihre neue Liebe ausgewirkt?

Das ist ein Dilemma, dem Frauen und Männer gleichermaßen ausgesetzt sind. Also, man kommt zum Beispiel irgendwohin, und die Leute begrüßen zwar den Partner, die Partnerin, aber schauen die gar nicht an und reden nur mit demjenigen, den sie für wichtig halten. Das ist in meinen Augen eine beispiellose Ungezogenheit. Und so verhält sich ein Großteil der Menschen. Da braucht man schon ein großes Selbstbewusstsein, um das auszuhalten.

Anfang 1995 war ich mit meinem Mann ein paar Tage zum Wandern in Südtirol. Dann kamen wir an eine Hütte,

„ICH BIN DER MEINUNG, DASS DIE HEUTIGE GENERATION DER ÜBER 65-JÄHRIGEN EINE VERPFLICHTUNG HAT, NOCH ETWAS NÜTZLICHES FÜR DIE GESELLSCHAFT ZU TUN."

und die Leute machten ein großes Hallo. Mein Mann dachte, ich kenne die alle. Ich kannte keinen einzigen. Mit der Zeit hat er dann leidvoll erfahren, dass, egal, wo man hinkommt, alle Menschen die Renate Schmidt kennen. In der Zwischenzeit ist es Gott sei Dank nicht mehr so arg.

Warum haben Sie die aktive Politik eigentlich aufgegeben?

Nach 29 Jahren Politik im Hauptberuf reichte es einfach. Meine Zeit als Ministerin war für meine junge Ehe eine starke Belastung, weil außer dieser Tätigkeit nichts mehr Platz hatte. Eine Gemeinsamkeit hat in diesen drei Jahren nahezu nicht stattgefunden. Mein Mann hatte keine Ahnung, wie groß der Zeiteinsatz in der Politik ist. Dass unsere Ehe das durchgehalten hat, ist ein großes Glück und sein Verdienst. Danach, als normale Abgeordnete, war ich, ich sage das mal ein bisschen despektierlich, ein Auslaufmodell. In meiner letzten Legislaturperiode habe ich die Arbeit zwar ernstgenommen, meinen Wahlkreis betreut und teilweise auch noch Dinge erreicht wie die Bafög-Erhöhung, aber nicht mit dem Ziel, noch mal durchzustarten. Ich wusste, ich will aufhören.

Wie sind Sie diese neue Lebensphase angegangen?

Jeden Morgen im Bett habe ich mir vorgestellt, was würde ich heute tun, wenn ich keinen einzigen politischen Pflichttermin hätte. Und dann ist mir an jedem Tag außer dreimal etwas eingefallen. Und damit wusste ich, das geht gut. Nichts von dem, was ich mir vorgestellt hatte, ist dann tatsächlich eingetreten. Insoweit bin ich mit meinen unverwirklichten Plänen für die nächsten 30 Jahre gut ausgelastet. Aber es sind eben Dinge hinzugekommen, Angebote, mit denen ich nicht gerechnet hatte. Zum Beispiel bin ich von Vodafone gefragt worden, ob ich Ombudsfrau für Datenschutz und Korruptionsbekämpfung werden wollte. Ein neues Feld, aber als ehemalige Systemanalytikerin, Betriebsrätin und lebenserfahrene Frau habe ich bestimmte Voraussetzungen mitgebracht. Oder das Zukunftsforum für Ernährungsfragen, wo wir uns mit einigen Professoren und dem Sternekoch Johann Lafer Gedanken machen über Ernährung in Zeiten der Globalisierung und Veränderung von Essgewohnheiten.
Das sind ein paar Themen. Nichts davon war geplant. Alles ist von selbst gekommen, ohne dass ich irgendetwas dafür getan hätte. Freut mich aber. Auf die Dauer wird das alles nicht so weiterlaufen können. Dann beginnt eine neue Lebensphase, und die muss man wieder neu gestalten. Im Moment ist alles ganz wunderbar. Ich halte ja auch Vorträge und bin ehrenamtlich tätig in einigen Organisationen.
Ich hatte mir mal 100 Arbeitstage im Jahr vorgestellt, in der Zwischenzeit sind es deutlich mehr. Fünf Tage in der Woche sind der Regelfall, aber nicht unbedingt acht Stunden, sondern eher sechs.

Und wie soll die Sekretärin oder Buchhalterin ihre Zukunft ab 60 besser planen?

Sie soll sich rechtzeitig überlegen, was sie interessieren würde. Aber es muss eine Verpflichtung geben, z.B. wenn ich gern lese, warum lese ich nicht regelmäßig Kindern in Kitas vor. Es gibt für jeden eine Aufgabe. Hier in Nürnberg ist das ZaB gegründet worden, das Zentrum aktive Bürgerinnen und Bürger, ein Zusammenschluss von mehreren hundert Mitgliedern aus unterschiedlichen Berufen. Eine Gruppe unterstützt Alleinerziehende, ein ehemaliger Maurer baut mit Kindern einen Pizza-Ofen, wo sie ihre Pizzabrotstöcke reinschieben können, und eine Rentnerin, die was vom Kochen versteht, hat mit Kindern einen Küchengarten angelegt und erklärt, was das für Kräuter sind. Es gibt Leute, die als Mediatoren fungieren, wenn es in einer Beziehung zu einem nicht lösbaren Streit gekommen ist, und andere, die Vereine beraten, wenn es um Satzungen geht. Je nach Qualifikation. Es muss ja nicht fünf Tage die Woche sein.
Ich bin der Meinung, dass die heutige Generation der über 65-Jährigen eine Verpflichtung hat, noch etwas Nützliches für die Gesellschaft zu tun. Wir können ja nicht alles den Jungen aufhalsen. Wir müssen noch etwas in die Gesellschaft hineingeben und die Jüngeren entlasten. Wie, das ist uns freigestellt. Aber gar nichts zu tun, das halte ich für absolut unmöglich.

„MIR LIEGT DAS PRAKTISCHE: BIER ZAPFEN, ZIMMER MACHEN. ICH WILL JEDEN TAG GASTGEBER SEIN“

MARLIES HEAD

geboren *11. März 1942 in Harkebrügge*
Beruf *Hotelier*

MARLIES HEAD ist Gastgeberin aus Leidenschaft. Seit 20 Jahren gehört ihr das Madison Hotel mit 166 Zimmern in Hamburg. Wegen des Boarding-House-Konzepts mit großen Zimmern und Kitchenette ist es besonders beliebt bei Schauspielern und Geschäftsleuten, die sich länger in der Stadt aufhalten.
Marlies Head wird am 11. März 1942 in Harkebrügge im Oldenburger Land als Tochter einer Gastwirtsfamilie geboren. Sie hat fünf Brüder und eine Schwester.
Im Hotelfach findet sie ihren Traumberuf. Mit 20 geht sie ins Service-Dorado Amerika, um in der Gastronomie zu lernen, was man in Deutschland noch nicht kennt. Jahre in Frankreich und der Schweiz vermitteln Sprachen und Weltgewandtheit.
Mit ihrem Bruder Eugen Block baut sie eine überregionale Steakhouse-Kette auf, die Block Houses. Der Sprung in die Selbständigkeit kommt mit dem eigenen Hotel.
Marlies Head lebt heute mit einem erfolgreichen Catering-Unternehmer zusammen, spielt Golf, joggt, macht Pilates und ist jeden Tag im Geschäft. Wo sonst?

► „Eine ganz und gar disziplinierte Frau Head mit einem außer Rand und Band geratenen Wirbel."
(Konrad Rufus Müller)

Morgens gegen halb elf stürmt Marlies Head in ihr Madison Hotel in der Nähe des Hamburger Hafens und „bringt alles durcheinander", wie sie sagt. Die Pumps fliegen in eine Ecke ihres Büros, das sie sich mit ihrem Stellvertreter und „Ersatzsohn" Thomas Kleinertz teilt. Zupackend und quirlig wirkt sie, mit dynamischem Kurzhaarschnitt und Augen, die einen wie Scheinwerfer anleuchten. So viel Energie steckt in ihr.

Heute ist sie um halb sieben aufgestanden – die Nacht war recht kurz, weil das Konzert am Abend zuvor so lang dauerte und sie noch eine Freundin nach Hause gefahren hat. Sie war bereits eine Stunde Joggen, um „ihren Körper zu fühlen". Ein bisschen schade nur, dass ihr Lebensgefährte seit 34 Jahren, Klaus Gerresheim, wieder mal nicht mitwollte. Aber das Paar spielt zusammen Golf und bereist neugierig die Welt. Sie verstehen sich einfach super, das macht die Sache wieder wett. Man will ja nicht immer der Motor sein ... Obwohl sie ein Motor ist, der nie stillsteht. Oder kennen Sie eine 72-jährige Dame mit dieser Dynamik? Joggen – jeden Morgen. Zweimal pro Woche Pilates zusätzlich. Gym – mindestens einmal in der Woche, alternierend im Sommer mit Golf – zweimal in der Woche. Ach ja, Heilfasten – aber zu Hause, ohne Kuraufenthalt, dafür mit Plan und Disziplin: zweimal pro Jahr. Willkommen im Gesundheitsprogramm von Marlies Head.

Am liebsten kontrolliert sie im Madison die Hotelzimmer. Leidenschaftlich gern geht sie mit Checkliste und ihrem geschulten Auge durch die Etagen – jedes Bett, jedes Bad, die Küchenzeile mit den Kochutensilien, Geschirr, Besteck. Im Büro lässt sie sich später die Zahlen vorlegen, wirbelt in die Küche, steckt Löffel in alle Töpfe und kostet. Der Küchenchef hat gerade Urlaub und sie eine lange Liste für ihn in petto: To do!

Marlies Head, geborene Block, hat die Gastgeberin in den Genen. Die elterliche Gaststätte gegenüber der Kirche war der Mittelpunkt des Dorfes. Ihr Vater war auch verantwortlich für die Poststelle mit dem Telefon. Stöpseln, verbinden für die 18 Anschlüsse in Harkebrügge. Im letzten Jahr der Mittelschule hört sie in der Berufsberatung vom Ausbildungsberuf Hotelfachfrau. Sie ist auf Anhieb überzeugt: „Mir liegt das Praktische. Bier zapfen, Zimmer machen. Lernen mochte ich nicht so gern. Ich bin gleich zu meiner Mutter gestürmt und habe gerufen, ich brauche sofort eine Lehrstelle. Ich weiß, was ich will!"

Mit 20 hat sie die Lehre in Münster beendet. Jetzt soll es Amerika sein: „Raus, was sehen, besser Englisch lernen." Wir schreiben das Jahr 1962. Die Mutter schluckt, gibt aber nach: „Die Marlies ist tüchtig, die wird ihren Weg machen." Cabana Inn heißt die erste Station, ein einfacher Coffeeshop in Miami, Florida. Hier kriegt sie die Grundbegriffe der Sprache und des Jobs mit. Von da geht es als Serviererin in ein Steakhouse nach San Jose in Kalifornien. An der Bar arbeitet ein attraktiver Amerikaner, geschieden, drei Kinder und in allem sehr erfahren. Marlies kriegt weiche Knie und verliebt sich in den fast 17 Jahre älteren Arthur Head. Ein Jahr als Au-pair in Paris zum Französischlernen, ein Jahr in der Schweizer Hotellerie – es nützt nichts. Der Mann geht ihr nicht aus dem Kopf. Ein paar Jahre später heiraten sie und leben den California Dream der 70er Jahre. Abends jobben, tagsüber in die Berge fahren, an die Küste, die Anfänge des kalifornischen Weinbaus im Napa Valley entdecken, eine Traumzeit für das Girl aus der Provinz in Germany.

Außer einem Kursus in der Liebe macht das ehrgeizige Fräulein Block die Augen auf in der amerikanischen Gastronomie. Deutschland, so erinnert sie sich, war damals noch eine Servicewüste, „Kollege kommt gleich" die sprichwörtliche Unverschämtheit faulen Personals. „In Amerika galten andere Gesetze im Reklamationsverhalten. Sie lauteten: Der Gast hat immer recht. Es hat Ihnen nicht geschmeckt? Oh, tut mir leid. Neues Steak, neuer Salat. Der Gast soll glücklich sein. Er muss nie warten. Die Karte kommt sofort. Das Personal ist immer freundlich, lächelt. Die Mädchen sind hübsch, gepflegt, Fingernägel unlackiert, die Haare zusammengehalten. Das alles lernt sie dort sofort. Und bringt es nach Deutschland.

Ihr Bruder Eugen Block eröffnet in Hamburg-Winterhude sein erstes Block House, dann ein zweites, er will

„DIE MARLIES IST TÜCHTIG. DIE WIRD IHREN WEG MACHEN, SAGT DIE MUTTER."

expandieren und eine Kette aufbauen. Er fragt seine Schwester, ob sie nicht mit ihrem Mann einsteigen will. Und ob sie will: „Ich habe richtig Gas gegeben. Ich hatte doch die Erfahrung aus Amerika und habe den Hamburger Laden dementsprechend umgekrempelt. Ein Steakhouse war hier damals Neuland. Nach anfänglicher Skepsis haben die Leute Schlange gestanden. Fleisch ohne Sauce wie beim Jägerschnitzel war neu, keine Zwiebeln obendrauf, ein Salatbüffet, Baked Potatoe, Sour Cream, Dressings und eigene Würzmischungen, alles neu. Vor allem musste das Messer scharf sein. Tausend Kleinigkeiten."
Marlies Head ist in ihrem Element. Zur Weiterbildung der Mitarbeiter gründet sie das Head College für Führungskräfte wie auch Servicepersonal. 150 Absolventen durchlaufen jährlich die Seminare. Ein Riesenerfolg. Aber viel Arbeit bedeutet wenig Zeit für die Liebe. Die Ehe mit Arthur Head zerbricht, er wendet sich einer anschmiegsameren Partnerin zu, die mehr Zeit hat. Für seine Frau ein Schock: „Ich habe ihn vernachlässigt, ich konnte ihn so gut verstehen", aber dennoch sitzt der Schmerz tief. Sie braucht zwei lange Jahre, um über die Trennung hinwegzukommen.
Auf einer Party verliebt sich Marlies Head in einen vier Jahre älteren Mann. Klaus Gerresheim ist ein gefragter Caterer, spezialisiert auf Großveranstaltungen. Er akzeptiert sie so, wie sie ist. Eine liebevolle und stabile Beziehung entwickelt sich, die alle Höhen und Tiefen übersteht. Die Liebe heute, in ihrem Alter, sagt sie nachdenklich, ist vielleicht nicht mehr so stürmisch wie früher. Aber der Partner, auf den sie bauen kann, ist da. „Ich liebe seine Lebensfreude und seinen Humor." Kleine Schwächen inklusive. Mit ihm arbeiten? Eine gemeinsame Firma? Zwei Chefs etwa? Un-vor-stell-bar!
Sich selbst beschreibt sie als nüchtern, wäre gern weicher, „lieber", nicht so kantig. Woher sollte das kommen? Ihre Brüder und sie klopfen sich zur Begrüßung auf die Schulter. Darüber staunt sie selber. Küsschen kennt die Familie Block nur vom Zugucken.
Nach 20 Jahren geht die Geschäftsverbindung mit ihrem Bruder zu Ende. Die Wege trennen sich freundschaftlich.
Und nun? „Ich war 50. Ich hatte schon angefangen, Golf zu spielen, auch Bridge, und so viel arbeiten wollte ich eigentlich nicht mehr. Aber dann kam das Angebot mit dem Hotel. Das war im Dezember 20 Jahre her. Ich konnte nicht nein sagen, die Chance war zu gut. Und ich bin so froh, dass ich es gemacht habe."
Soziales Engagement ist für sie eine Selbstverständlichkeit. Außer in der Organisation „Anstiften" engagiert sie sich aktiv als Kuratoriumsmitglied der 750 Jahre alten Stiftung „Gast und Krankenhaus". So heißt ein Poppenbütteler Altersheim, in dem sie ehrenamtlich als Provisor mitwirkt und ihr Know-how in der Küche und beim Personal einbringt. Warum? „Jeder Mensch sollte ein Ehrenamt haben. Ich finde, das gehört sich so."

„ICH BIN OFFEN FÜR ALLES. ICH SCHAU IMMER, WAS KOMMT“

SYBILLE BECKENBAUER

geboren *23. Juli 1948 in Eltville*
Beruf *Golftourismus*

SYBILLE BECKENBAUER wird am 23. Juli 1948 in Eltville im Rheingau geboren. Ihr Vater ist Bürgermeister im Nachbarort Walluf, die Mutter Hausfrau. Sie macht eine kaufmännische Lehre, zieht nach Frankfurt und heiratet früh.
Als Mitarbeiterin beim Deutschen Fußball-Bund lernt sie den Fußball-„Kaiser“ Franz Beckenbauer kennen. Die Hochzeit ist 1990. Die Ehe scheitert jedoch 14 Jahre später unter größter Anteilnahme der Boulevardpresse.
Sybille Beckenbauer lebt in Kitzbühel. Sie organisiert Golfreisen für Frauen und engagiert sich bei der DKMS (Deutsche Knochenmarkspenderdatei) live zugunsten brustkrebskranker Frauen und im Aschaffenburger Kindernetzwerk, das Familien mit behinderten Kindern zur Seite steht.

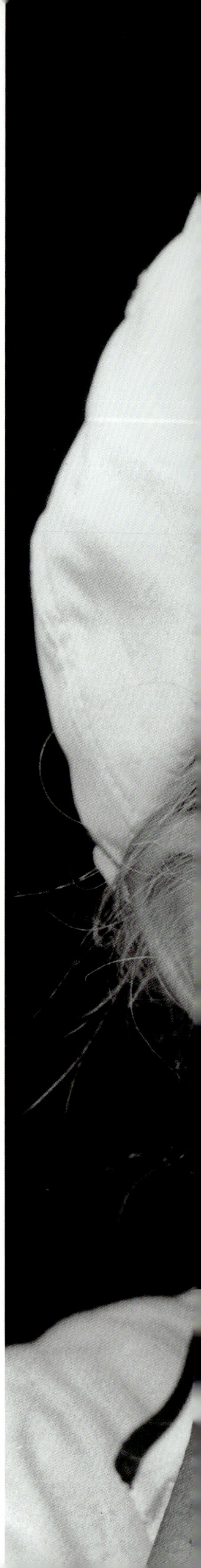

Dies ist ein Stück vom Paradies. Kitzbühel. Vom Gipfel des Hahnenkamms schaut man auf den Wilden Kaiser, die grauen Riesen der Loferer Steinberge, wenn man sich umdreht, sieht man die Venedigergruppe, die Tauern und verstummt. Majestätisch ist die Natur. Das kuschelige Weltdorf mit seiner buntbemalten Puppenstuben-Altstadt hat gerade mal 8000 Einwohner. Im schneesicheren Winter schwillt es zum internationalen Hotspot an. First-Class-Hotels, Premium-Pisten, Partys locken Russen, Amerikaner und Royals. Hier wollen alle Ski fahren und feiern, die das nötige Kleingeld haben und Pelze lieben. Im Sommer ist es friedlich hier. Wenn die Almwiesen blühen, die Berge sich ausruhen vom Winterzirkus, sind die Einheimischen fast unter sich. Man geht wandern oder Golf spielen auf einem der vier Plätze oder blinzelt auf den gemütlichen Almen in die Sonne, genießt einen Kaiserschmarrn vor überwältigender Kulisse. Wer sich in diesen Ort verliebt hat, ist verloren für die Großstadt.
Sybille Beckenbauer ist Kitzbühelerin seit 1988, als sie mit ihrem zweiten Mann Franz Beckenbauer hierhergezogen ist. Eine mädchenhafte Frau, zart und anmutig, zurückhaltend, aber dabei unbefangen und fröhlich. Sie liebt den Sommer und den Winter in dieser Idylle, die Natur und die vielen Möglichkeiten, Sport zu treiben. Denn Sport spielte in Sybille Beckenbauers Leben immer eine große Rolle. Erst recht in ihrem Leben als Singlefrau.

Die Berge sind Ihre Heimat geworden.
Ich habe großes Glück, in dieser wunderschönen Gegend leben zu dürfen. Das bedeutet für mich im Winter, ich geh jetzt mal schnell Ski fahren und setze mich halt erst abends an meinen Schreibtisch. Und im Sommer ist es genauso mit dem Golfspielen. Wenn ich denke, heute ist ein toller Tag, gehe ich lieber früh neun Löcher auf den Golfplatz und setze mich abends an den Computer. Wo sonst gibt es das?

Sie haben das Golfspielen zum Beruf gemacht.
Ich organisiere seit drei Jahren Golfreisen für Frauen: „Birdie Trophy by Sybille Beckenbauer". Wir stellen Gruppen von etwa 8 bis 16 Frauen zusammen, wir haben einen tollen Stamm von netten Damen aus der Schweiz, Österreich, Deutschland und Holland. Da ist ein richtiges Netzwerk entstanden. Im letzten Jahr ist eine Golfturnier-Serie speziell nur für Frauen, die „Ladies-Birdie Open", angelaufen. Das Finale findet 2014 auf Mauritius statt.

Wie sind Sie auf die Idee gekommen?
Durch eine Golfreise, bei der nicht alles so geklappt hat, wie es hätte sein sollen. Da habe ich mich mit einer Dame zusammengetan, die ich dort kennengelernt hatte. Wir waren uns irgendwie sympathisch und haben gesagt: „Das können wir besser!" Wir haben klein angefangen. In der Regel organisieren wir jährlich zwei Reisen und im Sommer irgendwo einen Golf-Treff, weil die Damen das gern mögen.

Ihre Vergangenheit sah aber doch ganz anders aus?
Ja, das kann man wohl sagen. Aber so ist das Leben. Ich bin bis heute ganz offen und frei. Ich bin nicht ängstlich. Ich schaue immer, was kommt. Vielleicht, weil ich eine so unbeschwerte Kindheit hatte. Ich bin im Rheingau aufgewachsen in dem hübschen, kleinen Ort Eltville am Rhein, berühmt für seine guten Weine. Meine Kindheit war ein Traum. Wir konnten noch auf der Straße spielen, so dörflich war das, und sind direkt nach der Schule raus. Mittags pfiff mein Vater in der Haustür auf den Fingern, dann gab es Mittagessen. Danach haben wir Freundinnen woanders weitergespielt, immer draußen. Und abends kam wieder der Pfiff. Da wusste ich, ich musste heim. Niemand hat uns je beaufsichtigt, wir haben uns immer selbst beschäftigt und waren immer unterwegs.
Wenn wir Kinder untereinander Streit hatten, kam auch niemand und hat geschlichtet. Das mussten wir selber machen. Ich bin natürlich schon mal nach Hause gerannt, oh Mama, und habe mich beklagt über dies und das, aber Mama hat nur gesagt, na, dann vertrag dich wieder, und sieh zu, dass du klarkommst. Und das haben wir gelernt. Natürlich waren die Moralbegriffe meiner Eltern viel

„ICH GLAUBE, DASS ICH IN DEN ZWÖLF, VIERZEHN JAHREN DER EHE MIT MEINEM ZWEITEN MANN SO VIEL ERLEBT HABE WIE MANCH EINER IN DREI, VIER LEBEN NICHT."

strenger als heute, es galt, Älteren und Amtspersonen gegenüber Respekt zu zeigen.

Wie war Ihre Mutter in Ihrer Erinnerung?
Sie ist eine starke Frau. Sie war sehr attraktiv und präsent. Die Ehe meiner Eltern funktionierte nach dem alten Rollenbild. Der Vater verdiente das Geld, die Mutter war für das Zuhause und die Erziehung zuständig.

Wie haben Sie den Sprung ins Berufsleben geschafft?
Nicht so gut. Ich wusste einfach nicht, was ich wollte. Schule war nicht mein Ding, und was ich hätte studieren können – keine Ahnung. In welche Richtung gehst du? Ich wäre gern als Au-pair-Mädchen ins Ausland gegangen, aber nach der mittleren Reife war ich erst 17. Und meine Mutter sagte, du bist viel zu jung, das kommt nicht in Frage. Und so entstand die Entscheidung für eine kaufmännische Lehre. Da machte man jedenfalls nichts falsch.

War der Entschluss richtig?
Ja. Nach meiner Lehre in einer Chemiefabrik in Wiesbaden bin ich nach Frankfurt gezogen und zu einem englischen Chemieunternehmen gegangen. 1970 habe ich meinen ersten Mann kennengelernt und später geheiratet. Eine tolle Zeit. Großstadt. Ich habe mein Englisch ausgegraben. Ich habe noch bei weiteren Firmen gearbeitet. Und bin irgendwann beim Deutschen Fußball-Bund gelandet. Fußball war bei uns zu Hause auch immer ein großes Thema gewesen, mich hat es ebenfalls interessiert, die Stellenbeschreibung klang spannend – ich habe den Job bekommen. Dort war ich 15 Jahre in unterschiedlichen Abteilungen tätig. Es gab Bundesliga, Länderspielorganisation, Generalsekretariat – insgesamt etwa 50 Mitarbeiter. Heute sind es weit über 200.

In diesem Job beim DFB haben Sie Franz Beckenbauer kennengelernt.
Ja. Meine erste Ehe war nicht mehr stabil. Ich bin überzeugt, glückliche Beziehungen brechen nicht auseinander.

Dann kam der Neustart!
Total. Ich habe einen Törn gemacht von Frankfurt-Stadtmitte nach Kitzbühel.

Und? Wie war das?
Sehr eigen am Anfang. Es war eine ganz andere Welt, mit der ich in Berührung gekommen bin. Da war nichts mehr aus meiner „alten Welt". Die gab es noch, wenn ich meine Familie oder Freunde besucht habe. Aber hier in Kitzbühel und mit meinem Mann zusammen, da hörte ich in den ersten Monaten nur neue Namen, sah neue Gesichter, neue Orte. Es war eine faszinierende Zeit. Ich kam, sagen wir mal, von einem völlig normalen Level und traf ein paar Wochen später Leute, von denen ich nur den Namen kannte oder die ich im Fernsehen gesehen hatte. Das war sehr beeindruckend.

Eine spannende Periode.
Spannend, aufregend! Ich habe in den vierzehn Jahren der Ehe mit meinem zweiten Mann so viel erlebt: Reisen, Persönlichkeiten … eine schöne Zeit. Ich bin froh, dass es sie gegeben hat.

Haben Sie Kontakt zu Ihrem Exmann?
Ja.

Wie hat sich Ihr Leben nach der Trennung verändert?
Es war ein Schnitt. So wie der Schnitt von Frankfurt nach Kitzbühel. Und dann kam der Schnitt von Kitzbühel nach Kitzbühel. Ich war 54. Eine komplett neue Lebensphase begann, in der ich nach neuen Freunden schauen musste. Und nach neuen Betätigungsfeldern. Und ich brauchte Zeit, um alles zu verarbeiten. Das ist ja klar. Und dann musste ich mir einen neuen Lebensbereich aufbauen. Ich denke, das ist mir ganz gut gelungen. Aber zuerst musste ich Dinge abhaken und mich umorientieren. Ich habe oft gedacht, jetzt unter Menschen gehen? Eigentlich willst du niemanden sehen, aber ich bin dann doch rausgegangen. Ich bin zum Beispiel mit zwei Frauen nach Kalifornien zum Golfen gefahren, die ich gerade erst bei einem

◄ „Die mädchenhafte Sybille Beckenbauer passt wunderbar in diese märchenhafte Landschaft."
(Konrad Rufus Müller)

„ICH BIN JETZT 65. NA UND? ICH BIN GLÜCKLICH, ICH BIN GESUND UND UNTERNEH-MUNGSLUSTIG. ICH HABE BISS UND LUST AUF ALLES MÖGLICHE“

Abendessen kennengelernt hatte. Die eine besaß ein Haus in Kalifornien, und die andere sagte, Mensch, da könnten wir doch zum Golfspielen hinfahren, wenn du sowieso zwei Wochen da bist. Und dann fragte sie mich: Wie ist es mit Ihnen? Haben sie nicht Lust mitzukommen?

Und Sie haben ja gesagt?

Klar. Ich habe mir gesagt, hopp, weg, raus, ab mit dir! Wenn es dir nicht gefällt, kannst du jederzeit wieder zurück. Ich lebte doch jetzt in einer anderen Situation. Ich war allein und musste allein für mich sorgen. Da braucht man Initiative! Ich habe mir gesagt, ich mache das jetzt einfach. Ich kenne zwar niemanden, aber ich mache das. Und so bin ich halt auch in vielen anderen Dingen. Hin und wieder fällt man mal auf die Nase. Also wir sind schließlich zu dritt gefahren, und die eine Frau ist eine echte Freundin geworden. In Kitzbühel habe ich einen stabilen großen Freundeskreis.

Singles müssen mehr tun für ihr gesellschaftliches Leben.

Entscheidend mehr. Man ist nicht nur für alles selber verantwortlich, sondern es nimmt einem auch keiner mehr was ab. Egal, um was es geht, man muss es selber in die Hand nehmen und kann niemanden fragen, was meinst du? Wie denkst du darüber? Das finde ich manchmal schade. Eine ehrliche Meinung fehlt mir hin und wieder. Der andere Nachteil des Alleinlebens ist, dass man nicht ab und zu mal ein bisschen zurechtgerückt wird. Korrigiert. Aber so ist es nun schon zehn Jahre.

Sie haben sich auch karitativ engagiert?

Es gibt zwei Projekte, an denen ich mich gern beteiligt habe. Das ist erstens die DKMS live. Da geht es um die Betreuung von Frauen, die an Brustkrebs erkrankt sind. Blutjunge Frauen teilweise, Teenager, Frauen mit kleinen Kindern, die beraten werden, wie sie sich während der Bestrahlungen oder der Chemotherapie, wenn die Haare ausfallen, schminken, Wimpern ankleben, um einigermaßen normal weiterleben und in den Spiegel schauen zu können. Wir veranstalten Lunches und Dinner, suchen Sponsoren, mal kann ich ein Auto oder einen Scheck übergeben und versuche für Publicity für den guten Zweck zu sorgen, soweit es möglich ist. Denn Brustkrebs kann jede Frau treffen. Das mache ich seit etwa zehn Jahren.

Welche Ziele hat die andere Organisation?

Das Kindernetzwerk in Aschaffenburg hat mich vor vielen Jahren angesprochen. Das ist auch etwas, das mir am Herzen liegt. Es geht um Familien mit behinderten Kindern. Es gibt über 2000 unterschiedliche Behinderungen. Und fast alle sind ungeheuerliche Einzelschicksale. Dabei gehen Ehen zu Bruch, die Eltern sind am Rande ihrer Kräfte durch eine 24-Stunden-Betreuung. Im Grunde ist das Kindernetzwerk eine Datenbank, ein Wunderwerk, das betroffene Eltern mit Kindern vernetzt mit Therapeuten, Ärzten, Kliniken. Ich habe zuerst ein bisschen gezögert mit meiner Zusage, weil ich selber keine Kinder habe. Ich fragte mich, ob man mir das abnimmt. Aber ich finde, letzten Endes hat ein Engagement für Kinder nichts damit zu tun, ob man selber Kinder hat. Ich versuche also, Spenden einzusammeln, zum Beispiel durch meine Golfturniere, damit das Kindernetzwerk Aktionen starten kann oder Müttern und Vätern mal die Gelegenheit zur Erholung geben kann. Simple Dinge eigentlich.

Sie leben ein ausgefülltes Leben. Haben Sie Angst vorm Älterwerden?

Was noch auf mich zukommt, weiß ich nicht. Aber ich bin nicht ängstlich. Und jetzt bin ich 65. Na und? Ich bin glücklich, ich bin gesund und unternehmungslustig, ich habe Biss und Lust auf alles Mögliche ... Ich habe mich reingefühlt in mein Leben und bewege mich fröhlich und frei. Ich bin sehr zufrieden.

„ICH HABE DAS GROSSE GLÜCK EINER GROSSEN LIEBE“

Dr. DOROTHEE ECKELMANN

geboren *9. Februar 1949 in Hamburg*
Beruf *Tierärztin*

Vor ein paar Jahren noch fuhr „Dodo" Eckelmann mit ihrem Vater zur Falkenjagd. Von Hamburg nach Schottland im Auto. Hinten, auf einer Stange über den Rücksitzen, hockten die beiden verhaubten Falken. Kleine Mützen über dem Kopf bedeckten die Augen, damit die Vögel während der Fahrt nicht unruhig wurden. Inzwischen sind diese Touren für den Vater zu anstrengend geworden. Seine Tochter geht jetzt mit ihrem Lebensgefährten auf die Pirsch.
Die Tierärztin hat ein natürliches Verhältnis zur Jagd, ist zutiefst naturverbunden. Sie liebt ihren Beruf und betreibt eine Kleintierpraxis mit einer Partnerin. Als eine der Ersten hat sie eine Welpenschule, eine „Krabbelgruppe" für Hundekinder, eingerichtet, um sie gemeinsam zu sozialisieren. .
DOROTHEE ECKELMANN wird am 9. Februar 1949 in Hamburg geboren. Sie erlebt eine behütete Kindheit und Jugend in heiler Akademikerwelt. Sie heiratet passend, bekommt zwei Kinder, doch die Ehe scheitert völlig unerwartet. Das Leben schlägt eine putzige Volte. Eltern, Freundinnen, vor allem das komplette „Handkussviertel" im Hamburger Westen fassen sich an den Kopf: Dr. Dorothee Eckelmann verliebt sich in den 16 Jahre jüngeren, attraktiven, damals ziemlich mittellosen Marc Anthony und lebt seit 20 Jahren glücklich mit ihm zusammen – das müssen die konventionelleren Ehen erst mal nachmachen!

◄ „Basha, sechs Jahre alter Rhodesian Ridgeback, findet seine Starpose mehr als angemessen. Der Mops-Dame Mable, mit dreizehn Jahren schon sehr betagt, gehört die ganze Aufmerksamkeit von Dorothee Eckelmann."
(Konrad Rufus Müller)

Wenn man sie zusammen sieht, sieht man nichts. Man sieht, etwa in der Oper, ein repräsentatives Paar, elegant und ziemlich verliebt. Einen Altersunterschied von 16 Jahren bemerkt niemand. Aber so genau guckt eigentlich auch keiner. Dodo Eckelmann ist dieses Jahr 65 geworden, groß, schlank, dichtes dunkles Haar – eine charmante, unprätentiöse Frau, immer bereit zu lachen. Angst, verlassen zu werden, weil „er eine Jüngere heiraten wird, um mit ihr eigene Kinder zu haben, so lautete die Prognose", hat sie nicht. Sie wirkt total entspannt. „Wie oft habe ich das gehört, damals, als wir uns entschlossen hatten, zusammenzuleben. Ach Gott, haben die Leute sich aufgeregt. Aber für mich gibt es im Leben keine Sicherheit, ob du dick bist oder dünn, kleiner, älter, jünger – die Gründe für Trennungen sind individuell."

Viele gemeinsame Interessen verbinden das Paar: die Liebe zur Natur, zu Tieren, die Jagd, die Musik. Die Wochenenden verbringen sie oft auf dem Land in Schleswig-Holstein in einem kleinen Strohdachhaus. Früher war außer drei Hunden und einer Katze auch die 27-jährige Tochter Katja mit ihrem Pferd dabei. Morgens stand es am Fenster und schnaubte in die Küche.

Schon im Elternhaus gab es Hunde – für eine Jägerfamilie selbstverständlich. Alle zog es in den Wald, Vater, Mutter, die beiden Brüder. Dodo hatte außerdem ihre eigenen Hunde, zwei, manchmal drei, auch während ihres Studiums in Berlin. Sie sammelt Hundebücher und -bilder, Hundefotos. Eine Zeitlang züchtet sie Labradore oder Möpse. Gerade lebt ein prachtvoller, etwas eitler Rhodesian Ridgeback namens Basha mit im Haus, „ein richtiger Kawenzmann", und ein betagter Mops. „Das gehört für mich einfach zum Leben dazu. Da liegt so einer zu meinen Füßen und ist dabei. Ohne Tiere möchte ich nicht sein. Viele meiner gleichaltrigen Freundinnen sagen, jetzt will ich keinen Hund mehr, ich will reisen. Das kann ich nicht verstehen. Ich bin gern auf Reisen, aber dafür würde ich nie auf einen Hund verzichten."

Ursprünglich wollte die Tochter eines Internisten auch Ärztin werden. Aber die Abiturnote reichte für Humanmedizin nicht aus, deshalb entschied sie sich für Tiermedizin und fand das richtige Gebiet. Nach dem Studium wurde sie schwanger, heiratete und wurde Gattin eines angesehenen Hamburgers aus der Schifffahrt. Ein Schock traf sie: Das Kind kam tot zur Welt. Mehrere Fehlgeburten folgten, bis 1983 ein gesunder Sohn geboren wurde. Noch mehr Fehlgeburten zeigten schmerzlich die Grenzen auf, die menschlichem Planen und Wünschen gesetzt sind. „Ich war sieben Jahre pausenlos schwanger." Wieder mal im Krankenhaus, traf sie einen jungen Arzt, der sie verwundert ansah: „Was, sind Sie schon wieder hier?" – „Ja, wieder eine Fehlgeburt." – „Macht doch nichts, sagt er, machen Sie weiter. Körperlich schaffen Sie das." – Und dann habe ich gedacht, okay, noch einen Versuch. Und das war meine Tochter."

Viel später holen diese zu lange verdrängten Erlebnisse sie ein. „Ich war zur Tagesordnung übergegangen, aber das funktioniert nicht. Ich brauchte die professionelle Hilfe eines Therapeuten. Diese Zeit hat mein Leben sehr geprägt. Bis dahin war ich ein Mensch auf der Butterseite. Ich hatte eine nette Familie, ich kannte alle meine Großeltern, hatte Abitur, studiert, ein schönes Zuhause. Und auf einmal passiert so was."

Die zwei heiß ersehnten Wunschkinder retten die Ehe nicht. Als die Verliebtheit dem Alltag weicht, stellt das Paar fest, bleibt zu wenig Substanz für eine Zukunft. Sie trennen sich friedlich. „Wir hatten keine gemeinsamen Interessen. Dabei hat sich mein Mann meinetwegen große Mühe gegeben und sogar versucht, den Jagdschein zu machen. Letztlich sind wir auseinandergegangen und waren sehr, sehr traurig darüber, dass wir es nicht geschafft hatten."

Eine tragfähige Freundschaft und gegenseitige Achtung blieben erhalten. Nicht nur wegen der Kinder. „Glücklicherweise hatten wir beide neue Partner gefunden, die unser Leben besser verstehen. Mein Exmann hat eine Frau geheiratet, die in der Schifffahrt arbeitet, und ich habe jemanden, der meine Interessen teilt. Manchmal treffen wir uns zu besonderen Anlässen zu viert, und das finden wir alle toll."

„EIN LEBEN OHNE HUND KANN ICH MIR NICHT VORSTELLEN."

Den neuen Mann, der so heftig um sie wirbt, nimmt Dodo anfangs nicht ernst. Das Scheitern ihrer Ehe muss sie erst verkraften. Außerdem – als ältere Frau, Anfang 40 – will man „so was" natürlich nicht. Oder doch? „Ich habe mir irgendwann gesagt, das ist jetzt mal eine richtig coole Zeit in meinem Leben. Da hofiert mich ein hübscher junger Mann, und wir machen tolle Sachen, aber mit dem will ich ja nicht zusammenleben. Wo käme ich denn da hin? Plötzlich sagte der aber, ich will das. Und dann haben wir das vorsichtig umgesetzt."

Die Folgen: „Tierische Probleme mit meinen Eltern. Ich habe mich deshalb tatsächlich abgenabelt. Marcs Eltern waren bedacht und haben freundlich geschwiegen. Sie wussten, ihr Sohn würde sich durchsetzen. Um jeden Preis. Meine Kinder waren anfangs zu klein, um zu denken, ist unsere Mutter eigentlich irre geworden? Heute läuft alles längst gut."

Der „junge Mann" erwies sich als kluger Stratege, er hatte sein Ziel klar vor Augen: die Frau seines Lebens. Und er zog die Kinder mit groß. „Er hat mit ihnen Schularbeiten gemacht und führte auch ernste Gespräche über das Leben mit ihnen. Ich bewundere Marc dafür, wie er das hingekriegt hat. Nicht ein einziges Mal ist bei den Kindern der Satz gefallen, du hast mir nichts zu sagen, du bist nicht mein Vater." Er verzichtet für sie auf einen Auslandsaufenthalt, denn Dodo ist fest in Hamburg verwurzelt, durch ihre Praxis, das Haus, die Kinder und deren Vater. „Er musste sich komplett nach mir richten. Das war nicht einfach und ein großer Liebesbeweis."

Der Neue an ihrer Seite hatte Volkswirtschaft studiert und eine Steuerberaterlaufbahn ins Auge gefasst. Trockenen Kram. „Er war aber so kreativ. Ihn interessierten Stoffe und Mode, und er wollte vor allen Dingen selbständig sein. Schließlich eröffnete er ein Geschäft für Maßkonfektion. Er geht toll auf die Menschen ein und verbreitet gute Stimmung. Darauf beruht sein Erfolg."

Alle können aufatmen – er hat Karriere gemacht und sich bei den Arrivierten eingereiht. Die Aufregung wegen des Tabubruchs ist vergessen. Die beiden werden eher beneidet wegen ihrer harmonischen Beziehung. Denn außer auf die Jagd gehen sie zu den Salzburger Festspielen, reisen euphorisch der russischen Sopranistin Anna Netrebko nach, genießen in Baden-Baden oder Kopenhagen Höhepunkte in der Oper. „Er will so viel machen, er hält mich in Gang und reißt mich mit. Ich bin auch heute noch jemand, der bis morgens auf den Tischen tanzt. Allerdings brauche ich länger zum Regenerieren."

Ein paar andere kleine Veränderungen stellt sie an sich fest: „Ich bin neuerdings näher am Wasser gebaut, mir kommen schneller die Tränen. Auch bei der Jagd kriege ich so eine Altersmilde, wie mein Vater das nennt. Das Schießen ist viel weniger wichtig geworden. Wenn ich im Wald ansitze, warte ich oft vergebens. Es kommt kein Wild. Aber ich sehe die Welt erwachen oder einschlafen, das sind Dinge, die mich jetzt berühren."

Zu ihrem 60. Geburtstag lud Marc Familie und Freunde zu einer Überraschungsparty nach Paris ein. Alle hielten dicht, alle kamen. Dodo heulte Rotz und Wasser. Schöner kann's doch nicht sein.

Gute Fahrt mit TYVEK®
GLOBO
VARTA

„ICH WILL DIESES HOTEL ODER KEINS“

ROSELINDE ZANKL

geboren *2. August 1945 in Erding*
Beruf *Hotelfachfrau*

Um sieben läuten die Kirchenglocken, Vögel zwitschern, Eichhörnchen hopsen auf der Wiese herum, und der Schwabinger Bach plätschert fröhlich an der Frühstücksterrasse des Gästehauses am Englischen Garten vorbei. Wenn man Glück hat, übt ein fleißiger Trompeter im Park „Der Mai ist gekommen ...“. Mitten in München, in Nordschwabing, liegt dieses kleine Hotel mit dem 70er-Jahre-Flair und gilt seit Jahrzehnten als Geheimtipp für Besucher, die die Idylle in der Großstadt suchen. Seit 17 Jahren konserviert **ROSELINDE ZANKL** mit Feingefühl diese romantische Reminiszenz und sorgt liebevoll für Kontinuität in dieser wohl einmaligen Herberge.
Die Frau mit dem poetischen Vornamen Roselinde wird am 2. August 1945 als viertes von fünf Kindern im bayrischen Erding geboren. Sie lernt mit Freude Hotelfach. Ihr erstes Kind, unehelich geboren, stirbt, eine Ehe scheitert, das Leben hält unlösbar scheinende Aufgaben für sie bereit. In dem nostalgischen Hotel, das sie mit ihrem zweiten Sohn Michael zusammen führt, hat sie mit glücklichem Händchen aus Stammpersonal und internationalen Stammgästen eine muntere Patchwork-Familie zusammengebastelt.

Der Herr aus Kapstadt hat Husten. „Ja, mei", sorgt sich die Frühstückskellnerin, „jedes Jahr das Gleiche. Jedes Jahr, wenn der Herr in München ankommt, holt er sich seine Bronchitis." Der Herr erhebt sich von seinem Tisch unter dem Sonnenschirm und schleppt sich in Richtung Rezeption. Er muss zum Arzt. Dieses Jahr ist es „arg". Den Termin hat Roselinde Zankl besorgt. Das Garni mit dem Charme der Vergangenheit ist ein absolutes Unikum. Die Lage am Nordende des Englischen Gartens ist unschlagbar. Fast dörflich mutet die Umgebung an, nachts dringt kühle Waldluft durch die geöffneten Fenster. Aber mit der U-Bahn oder dem Taxi sind es nur ein paar Minuten in die Innenstadt.

Der Eingang scheint in ein Privathaus zu führen. Innen überrascht ein 70er-Jahre-Ambiente mit Schleiflackmöbeln, Kommoden, Vertikos, auf denen Bücherstapel liegen vor einem Schild „Zu verschenken". Überall sind Winkel, Ecken, Stufen, Absätze oder Treppen, weil in der rund 250-jährigen Geschichte des Hauses ständig um- und angebaut wurde. Gleich gegenüber wartet der „Osterwaldgarten", einer der gemütlichsten Biergärten Münchens, als netter Nachbar mit bayrischen Schmankerln. Eine sympathische Symbiose.

„Ich will dieses Hotel oder keins", das stand für Roselinde Zankl fest, als die Pacht in der Zeitung annonciert war und sie sich auf den ersten Blick in das „Häuschen", so nennt sie es auch heute noch, verliebt hatte. Zunächst war es hart. Alles, was sie besaß, und noch ein paar Bankschulden dazu waren nötig, bis sie sich ihren Traum erfüllen konnte. Drei Tage nach dem Kauf kamen die Behörden. „Schwarzarbeit" lautete die Anschuldigung. Der Vorwurf war korrekt, von Vorgängern übernommene Servicekräfte malten und tischlerten im Sommer illegal. „Damals habe ich gezittert vor Angst. Aber ich bin ganz ordentlich rausgekommen, und man hat mir abgenommen, dass ich die Neue war. Damals ist auch mein Motto entstanden, das ich mir richtig eingebläut habe: ‚Ich schaff das wieder. Nicht aufgeben und tapfer sein.'"

Wie aus der Zeit gefallen fühle man sich im Gästehaus am Englischen Garten, hat einmal ein Gast gesagt. Diese besondere Atmosphäre lockt eine spezielle Klientel. Elf Zimmer gibt es im Haupthaus, davon fünf ohne eigenes Bad. Aber auch die haben ihre Liebhaber, darunter Prominente und Herrschaften von Adel. Frau Zankl freut sich besonders, wenn die vermietet sind, und die Gäste sagen, kein Problem, baden können wir doch zu Hause. Im Nebenhaus, der Dependance, vermietet sie weitere 20 Apartments.

Ein so kleines Haus ist besonders kostenintensiv, da heißt es selber anfassen, im Garten für Ordnung sorgen, Laub fegen, Büsche beschneiden, manchmal auch Frühstück machen und, wenn das Zimmermädchen krank ist, auch die Betten. Rund gerechnet zehn Vollzeitkräfte exklusive Mutter und Sohn müssen bezahlt werden. Frühdienst für die Chefin beginnt ab sieben, das bedeutet Check-out für die Gäste, ein paar freundliche Worte beim Frühstück, die Kontrolle in den Zimmern, Klopapier, Seife, Handtücher, Wäsche oder mal ein drittes Bett für Neuankömmlinge beziehen. Die Spätschicht endet erst, wenn der Nachtportier seinen Dienst antritt. „Manche Gäste wollen einem auch mal ihr Herz ausschütten. Dann bin ich eben Seelsorger. Unsere Gäste fühlen sich hier zu Hause." Sie liebt den persönlichen Kontakt. Die von ihr geschaffene familiäre Atmosphäre entspricht ihrer Mentalität. In diese Gemeinschaft gehört unbedingt auch die schwarz-weiße Katze Maunzi aus der Nachbarschaft, die vor Jahren ohne Umstände zu machen ins Hotel umgezogen ist, als Frauchen einen Hund anschaffte. „Einmietbetrügerin" nennt das der Volksmund, „frisst nur und zahlt nix", so die Chefin gutmütig.

Das Leben hat sie an den richtigen Platz gespült. Eine glückliche Fügung. So viele Katastrophen haben das Kind Roselinde schon bedroht, bevor ihr Leben richtig angefangen hatte. Ihre Eltern flohen am 13. Februar 1945, der Nacht des Feuersturms, aus dem zerbombten Dresden. Die Mutter war mit ihr im dritten Monat schwanger. Der Vater hatte in der Schreckensnacht versucht, mit einem kleinen Feuerlöscher die Flammen im Haus zu ersticken.

„ICH HABE NIE VERSUCHT, MICH DEN ERWARTUNGEN ANDERER ANZUPASSEN.“

Bis er einsehen musste, dass hier nichts mehr half. Die fünfköpfige Familie flüchtete zu ihren Verwandten nach Erding. Sie waren dort nicht etwa willkommen, sondern lästige Mitesser in harten Zeiten. Roselinde Zankl: „Man hat mir erzählt, dass meine Großtante im Winter extra das Fenster geöffnet hat, wenn ich gebadet wurde, in der Hoffnung, dass ich eine Lungenentzündung krieg und sterbe.“ Da wäre ein Maul weniger zu stopfen gewesen. „Meine Mutter hat in dieser Zeit in der Schreinerei, wo mein Vater Treuhänder und für das Organisatorische und den Verkauf zuständig war, geschuftet wie für zwei. Jeden Morgen um fünf ist sie raus. Mit 73 ist sie gestorben, abgearbeitet und verbraucht.“ Die Tochter hat es besser. Aber der Krieg ist vorbei, es eröffnen sich Chancen. Roselinde geht als Au-pair nach England, danach auf eine Schweizer Hotelfachschule in Leysin bei Montreux. Und wird mit 21 „brav schwanger“ von einem feurigen, aber eifersüchtigen Italiener. Hochzeit kommt für sie nicht in Frage. „Ich dachte, nein, in diese Hölle gehe ich nicht.“ Aber Abtreibung auch nicht. Der Druck von außen ist gewaltig. „In einem so kleinen Ort sprach es sich rum, die kriegt ein uneheliches Kind. Es gab alle möglichen Gerüchte. Aber das war mir wurscht, ich habe gekämpft. Ich habe nie versucht, mich den Erwartungen anderer anzupassen.“

In einem amerikanischen Kommandeur am Erdinger Fliegerhorst, der sie als Sekretärin anstellt, findet die schwangere junge Frau einen Beschützer. Sie bekommt ihren Sohn und lernt bald ihren Mann kennen, heiratet, bekommt 1973 ihren zweiten Sohn, Michael, und zieht mit ihrer Familie in die Nähe von Stuttgart. Die beiden Kinder sollen in heiler, ländlicher Umgebung aufwachsen. Vergebens geplant. Im Alter von sieben Jahren wird der kleine Alexander auf dem Weg zur Schule von einem Auto überfahren und stirbt. „Dieser Tod hat unsere Ehe sehr belastet. Mein Mann konnte nicht darüber sprechen, und ich hätte jemanden gebraucht zum Sprechen, aber er war verstummt. Ich bekam schlimme Depressionen. Alles war sinnlos. Egal, ob die Sonne schien, alles war sinnlos.“

Als eine ihrer Schwestern einen Hotelier in München heiratet, der eine Leitung für sein Haus sucht, greift sie zu. Nach einer lehrreichen Zeit dort fällt die Entscheidung schweren Herzens noch einmal zugunsten des Ehemanns und der Familie aus. Sie lässt sich auf manchen ehelichen Kompromiss ein. Ihr zweiter Sohn besucht eine Privatschule, und es bleiben viele freie Stunden zum Nachdenken. Ihr Mann ist im Außendienst und dauernd unterwegs. Sie selbst beschließt mit fast 40, das Abitur nachzumachen. Besonderen Reiz übt die Mathematik auf sie aus: „Ich wollte mit Buchstaben rechnen. $a^2 + b^2 = c^2$. Das gefiel mir. Dann begann ich Geschichte, Literatur und Sprachwissenschaften zu studieren und habe tatsächlich meinen Magister geschafft. Parallel dazu ging meine Ehe in die Brüche.“

Sie ist 48 bei der Scheidung. Der Blick geht nach vorn. In der Zeitung findet sie einen Job in der Leitung eines Hotels, holt Kenntnisse in Buchhaltung nach, bevor sie, ihren Sohn Michael treu an ihrer Seite, im Englischen Garten Wurzeln schlägt.

Aufhören, sich zur Ruhe setzen – ist das eine Option? Roselinde Zankl ist skeptisch: „Ich bin nicht dafür, dass man sich mit 65 zur Ruhe setzt. Ich beobachte bei Freunden, Freundinnen und Bekannten, wie sie abbauen, wenn sie in Rente sind und keine Aufgabe mehr haben. Wehwehchen und Krankheiten sind das Hauptthema. Dann denke ich, Gott sei Dank habe ich noch was zu tun. Im Grunde bin ich mit dem Hotel verheiratet. Deshalb gibt es im Moment auch keinen Mann in meinem Leben. Die, die frei sind in meinem Alter, haben Zeit und wollen was unternehmen, reisen. Aber das kann ich doch gar nicht. Das blocke ich ab, vielleicht aus Verantwortungsgefühl. Mir fehlt die Zeit – und vielleicht auch die Lust.“

Was sagt der Blick in den Spiegel? Sie lacht: „Er sagt, ich sollte möglichst keine ärmellosen Kleider mehr tragen. Obwohl – man kann es ja nicht aufhalten und muss es eben ausgleichen und lachen. Einfach lachen. Dann gucken einem die Leute ins Gesicht und nicht auf die Arme, oder?“

„ICH BIN HALT EINE ABENTEURERIN“

EVELINE HALL

geboren *25. Oktober 1945 in Greifswald*
Beruf *Schauspielerin*

Vollgas ist ihr Tempo. Immer gewesen. Aber mit 65 ging die Post richtig ab. Die Gazelle mit den langen grauen Haaren machte als Model Furore. Sie war 2011 das Sahnehäubchen auf der Show des Berliner Modemachers Michael Michalsky. Das Publikum, die Presse, das Fernsehen, die Models – 16-, 17-jährige Teenies – fanden sie sexy und aufregend und entdeckten in ihr ein Vorbild. Wer so aussieht, hat alle Trümpfe in der Hand – und wer so viel weiß und gelernt hat wie Eveline Hall. 60 plus? Who cares!

EVELINE HALL wird am 25. Oktober 1945 in Greifswald geboren und wächst in Berlin auf. Sie lernt klassischen Tanz, wird Solistin an der Hamburgischen Staatsoper, tanzt als Bluebell-Girl mit Puschel auf dem Po in Las Vegas am Lido, wird Schauspielerin, Sängerin, Model. Was passt noch in ein einziges Leben? „Ich steig aus und mach 'ne eigene Show“ heißt ihre Biographie (erschienen bei Eden Books, 2013). Das Multitalent ist unverheiratet, kinderlos und lebt in Hamburg mit ihrer Mutter zusammen und hat so viele Pläne im Kopf, dass es für weitere 65 Jahre reicht.

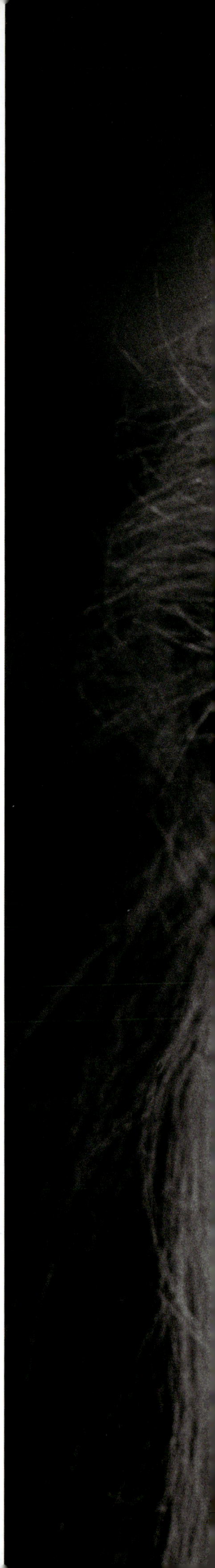

Das Engagement bei Michael Michalsky wirkte wie ein Kanonenschuss in ihrem Leben. Jetzt war sie in den Fokus gerückt. Ihre unbändige Lust, Neues auszuprobieren, bringt sie nun noch zum Singen. Sie nimmt gerade eine CD mit Rock auf, warum nicht? Dafür hat sie zwei Jahre Gesangsunterricht genommen. Von nichts kommt nichts, das wissen Tänzer am besten. „Ich fühle mich so jung! Wenn ich mich alt fühlen würde, könnte ich das alles gar nicht machen. Dann würde mein Körper streiken." Am Anfang war Blut im Schuh. Blut, Schweiß und Tränen – das ist das Los aller ehrgeizigen Elevinnen, die von einer Karriere auf der großen Bühne träumen. Eveline Hall, geborene Klopsch, schafft es. Mit 16 ist sie, gefördert vom damaligen Staatsopernintendanten Rolf Liebermann, Solistin an der Hamburgischen Staatsoper. Sie tanzt die Partien des klassischen Repertoires. Der Traum aller Mini-Ballerinen hatte sich erfüllt. Ihr Alltag ist wenig glanzvoll: Tanzen. Essen. Schlafen. Tanzen. Essen. Schlafen. Als Belohnung lockt die Arbeit mit den besten Choreographen. Was für ein Glück.

Eveline Hall, warum war dieses Glück nicht groß genug?
Ich bekam mit 25, 26 einen Schock. Ich hatte plötzlich nicht mehr denselben Ehrgeiz. Ich war so früh so erfolgreich, hatte kein Privatleben. In den Ferien brodelte es immer in mir, ich lernte so viele andere Dinge kennen, aber dann kam ich zurück und verfiel in meine alte Routine. Trotzdem blieb mit der Zeit etwas hängen, und ich hatte keinen Bock mehr auf den Tanz, den ich doch so fanatisch liebte. Ich hatte sogar mit meinen Kollegen über meinen Frust gesprochen. Und eines Tages sagte einer, du, ich habe jemanden getroffen, der ist Manager bei der Pariser Revue Lido. Die suchen sehr große, sehr dünne Tänzerinnen für eine neue Show in Las Vegas.

War dieser Zufall das größere Glück?
Mein Vater, ein bekannter Schauspieler, musste mir erst mal erklären, was das Lido war. Ich hatte keine Ahnung. Die Tradition geht ja zurück auf die Belle Epoque. Es gibt eine Kooperation zwischen Paris und Las Vegas, und mein Bauch sagte sofort: Las Vegas! Wenn schon ein Break, dann richtig! Drei Jahre tanzte ich in der Show „Pourquoi pas?" mit Federbüscheln auf dem Kopf, glitzernden Tangas und ziemlich nacktem Po.

Und dann haben Sie in Amerika einen Cherokee-Indianer geheiratet.
Er wohnte unten, ich oben. Am Swimmingpool trafen wir uns. Wir haben in Oregon geheiratet. Er arbeitete an einer Bar, ich als Revue Girl aus Germany. Seitdem heiße ich Hall. Es hat nicht lange gehalten. Er ließ mir keine Freiheit, so zu leben, wie ich es wollte. Es wäre darauf hinausgelaufen, dass ich ihm die Hausschuhe hätte bringen müssen. Und wenn dann noch Kinder da gewesen wären ... Ich wollte keine Kinder, und ich habe alles dafür getan, dass ich keine bekam.

Aber erst mal sind Sie damals zusammen nach Deutschland gegangen.
Als die Show abgespielt war, sind wir zu mir nach Hause gezogen. David machte Synchronisationen, und ich begann durch einen Tipp von meinem Vater mit getanzten Modenschauen. Da gab es für den Catwalk eine genaue Choreographie mit Musik, das war revolutionär und aufregend. Ich habe es geliebt. Im Grunde ist das der Background, der mich zu Michael Michalsky und seinen Kollektions-Präsentationen geführt hat. Bei ihm liefen ja noch andere Ältere, aber ich hatte die Körperlichkeit durch den Tanz und die Revue, eine eigene Art der Präsentation, Ausstrahlung. Alt sein allein reicht ja nicht, um aufzufallen. Das ist nicht genug.

Aufgefallen sind Sie aber eigentlich immer. Und zwar sehr schnell.
Stimmt. Ich sollte am Hamburger Thalia Theater vortanzen für eine Rolle in dem Musical „Sweet Charity". Musste ich aber gar nicht. Der Regisseur kannte mich. Wieder so ein Zufall. Was, du warst in Las Vegas, hier ist dein Vertrag, du brauchst nur zu unterschreiben. Danach habe ich

„Eveline Hall ließ sich nicht lange bitten, mir bei Kälte und aufziehendem Regen Modell zu stehen in der Lindenallee des Hamburger Hirschparks.“ *(Konrad Rufus Müller)*

mehrere kleine Rollen gespielt, bis mir der Intendant, der legendäre Boy Gobert, sagte, du musst eine Schauspielausbildung machen wie alle anderen auch, sonst kommst du nicht weiter. Zwei Jahre hat das gedauert, da war ich 32. Mein Vater sagte, Püppi, jetzt bist du fein raus. Von der Tänzerin zur Schauspielerin, da kannst du arbeiten, bis du 100 bist. Und dann bist du unkündbar. Eines Tages kriegte ich ein Riesenangebot für eine Hauptrolle in „Die letzten Tage der Menschheit" von Karl Kraus. Das wurde eine spektakuläre Aufführung und mein Durchbruch. Eine Wahnsinnsgeschichte, und ich mittendrin. Danach habe ich acht Jahre am renommierten Stadttheater in Basel alle großen Stücke gespielt, Shakespeare, Ibsen, Arthur Miller, Brecht.

Oh, ich habe so viel Glück gehabt. Denn dass man begabt ist, das ist die eine Sache, und dass man vollen Einsatz gibt, das ist die zweite Sache. Das macht jeder Profi. Aber dann braucht man noch 80 Prozent Glück. Außer beim Ballett. Da kannst du Millionen hinlegen, wenn du auf der Bühne deine Pirouetten nicht drehst, kann dir keiner helfen. Darum ist der Job auch so brutal. Da gibt es nur ja oder nein. Und deshalb habe ich diese Demut.

Warum sind Sie auch aus dieser Karriere ausgestiegen?
Ich habe wieder mal gesagt, das war's. Es ist genug. Ich war 42 inzwischen und dachte, wenn ich das jetzt nicht beende, dann ist es zu spät.

Ja, was wollten Sie denn nun schon wieder?!
Ich wollte einfach nur nach Paris. Ich wollte nach Englisch eine zweite Sprache perfekt beherrschen. Aber das lernt man nur, wenn man im Land ist. Ich hatte meine ganze Kohle gespart, ich hatte nichts ausgegeben, alles gespart. Und bin mit einer Riesensumme nach Paris und habe mich bei einer Familie eingenistet, Literatur studiert, in Cafés gesessen, beobachtet und mich spaßeshalber bei einer Agentur vorgestellt. Daraus entstanden erste kleine Filmchen, Werbung, Modeproduktionen. Ich war so weit, dass ich in Paris hätte bleiben können.

Und dann lernte ich Serge kennen. Oh, Serge! Der Mann meines Lebens war 17 Jahre jünger als ich und hatte Power! Neun Jahre hielt die große Liebe. Es waren wunderschöne Jahre, traumhafte Jahre. Wir haben gelebt, gelebt, gelebt, bis zum Exzess, und alles ausgeschöpft, was die Stadt und unser gemeinsames Leben zu bieten hatten. Ich habe mir alles gegönnt, davon zehre ich noch heute. Wir haben uns nur getrennt, weil er unbedingt Kinder haben wollte, und die wollte er von mir. Aber das wollte ich nicht. Du musst dir eine jüngere Frau suchen, sagte ich. Und du musst das tun, weil du es so sehr willst. Ich mag nicht gern jemandem etwas nehmen, das er sich so sehr wünscht. Vielleicht hätte er mir später Vorwürfe gemacht. Die Trennung war schwer, es tat sehr weh. Aber es musste sein. Wir sind bis heute die innigsten Freunde, telefonieren stundenlang. Er hat sein Lebenskonzept verwirklicht, geheiratet und zwei Kinder, aber in meinem Herzen ist er immer noch mein Mann.

Wie haben Sie den Neuanfang geschafft?
Ich hatte keine Wahl. Ich musste zurück nach Hamburg und meiner Mutter beistehen. Sonst wäre ich in Paris geblieben und hätte Möglichkeiten gefunden, mich durchzubringen. Ich bin halt eine Abenteurerin. Bis ich den Löffel aus der Hand lege, sind alle Türen offen.

Warum sind Sie dann zurückgegangen?
Mein Bruder hatte sich das Leben genommen. Ich wäre sonst nie nach Hause gegangen. Ich hätte meine Mutter nachgeholt nach Paris, aber zurück? Nein. Mein Vater war auch gerade gestorben. Den Mauerfall hatte er gerade noch mitbekommen. Also, 1989/90 bin ich zurück und habe erst mal gar nichts gemacht. Ich war da schon 50. Da kann man nicht mal eben ins Theater marschieren und sagen, hallo, da bin ich wieder. Aber ich stieß bald auf eine Agentur, die mich sofort aufnahm. Ted Linow, den ich von früher kannte, ein alter Hase. Es kamen sofort Angebote. Alte Verbindungen funktionierten. Und als ich gefragt wurde, ob ich das denn noch könne, hab ich gesagt, ich bin noch viel besser als früher. Dann kam die Anfrage von Michael Michalsky für seine Show. Ich bin fast in

„ICH BIN JETZT EIN VORBILD – DAS HÄTTE ICH MIR NIE VORSTELLEN KÖNNEN."

Ohnmacht gefallen. Ich sagte, ich bitte dich, die Mädchen sind heute zwischen 14 und 15. Aber Ted hatte ihm gesagt, so was habe ich noch nie gesehen, und ich stehe dazu. Und das hat er durchgezogen. Mein Durchbruch 2011! Das muss man sich mal vorstellen! Dreimal bin ich für ihn gelaufen. Dann war Schluss. Ich wollte sie nicht sagen hören: „Da ist wieder die Alte."

Aber das ist noch nicht alles! Wohin geht die Reise jetzt?
Ich habe schon immer gesungen, aber das war das Einzige, was ich nicht richtig gelernt hatte. Und nun habe ich zwei Jahre mit einem Lehrer an meiner Stimme gepinselt, gefummelt, gerührt. Er hat sofort angefangen, mit mir Chansons zu üben wegen meiner tiefen Stimme. Ich bin fast ein Bass. Ich bin Rock, eine Rocksängerin, ich bin Rock und Blues. Zwischendurch bin ich schon mal aufgetreten mit Chansons. Ich habe einen Anwalt, der mich bei meinem Buch beraten hat. Der fragte: Kannst du singen? Ja, sage ich, ich kann singen! Und er ruft Franz Plaza an, der Tokio Hotel produziert, und sagt, hey, ich habe ein Model, nicht mehr so ganz jung, schon über 50, aber die kann singen. Und der sagt, ein Model, das singt, das gibt's doch gar nicht. Wir sind zu ihm hin, und da habe ich a cappella gesungen, ganz brutal, und er sagt sofort, mit dir mache ich was. Ganz klar, das interessiert mich. Jetzt schreibt jemand Stücke für mich, und in ein paar Monaten kommt meine CD raus.

Ist das jetzt alles?
Nein. Ich habe doch noch eine Idee von Couture! Von Mode! Ich will Mode machen!

Couture?
Das steht in meinem Buch. Ich möchte eine eigene Kollektion. Drei, vier Teile, der Rest Accessoires, und alles muss zusammenpassen. Einfach und schlicht. Man muss gut darin aussehen, und es muss etwas sein für Frauen, die sowieso gut aussehen, ganz klar, aber so, dass man mit den drei, vier Teilen immer anders aussieht. Das wäre meine Kollektion.

Wie war es, nach all den Erfolgen noch diese überraschende, späte Karriere zu machen?
Ich war ja 65, als ich über den Laufsteg ging und der Erfolg kam. 65! Ein Glück, dass die Agentur nicht gesagt hat, ich wäre 57 oder 58. Diese 65 haben es ausgemacht. Das Mittlere, das war es nicht mehr. 50 ist wischiwaschi. Meine Figur, das Äußere, die Haare – alles fanden sie ungewöhnlich, nicht zurechtgemacht. Ich bin eben ein Naturkind, ein altes Naturkind.
Nach den Schauen kamen die jungen Mädchen zu mir, hoben mich in den Himmel und fragten, meine Mama ist genauso alt wie du, aber du siehst ganz anders aus, wie machst du das, und so würden wir auch gern sein. Ich habe gespürt, dass man mich lieb hat. Menschen hatten mich lieb. Mehr als das. Ich bin jetzt ein Vorbild – das hätte ich mir nie vorstellen können. Plötzlich entdecke ich, dass ich geben kann. Jetzt kommt nur noch Freude in mein Leben. Gekämpft habe ich genug, ich will jetzt meine Ernte einfahren.

Vielleicht doch noch was anderes? Etwas Konkretes?
Film vielleicht. Wenn ich das hinbekommen könnte ...
Und dann bin ich natürlich für Mama da. Sie ist jetzt 92. Wir leben zusammen. Sie ist meine beste Freundin und hat mich mein ganzes Leben begleitet. Diese Liebe, die sie mir gegeben hat, das ist einmalig. Sie hat sich ganz zurückgestellt. Und vor allen Dingen, sie war immer da und hat nie nein, nie nein gesagt. Jetzt bin ich für sie da.

„NICHTS TUN IST MIR EIN GRÄUEL“

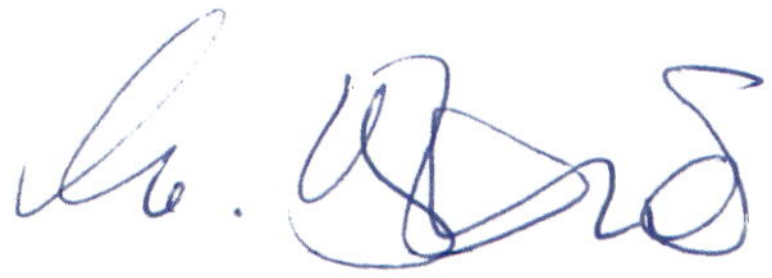

WALBURGA ISMAIER

geboren *19. September 1947 in der Nähe von München*
Beruf *Heilpraktikerin und Weinhändlerin*

Die waschechte Bayerin **WALBURGA ISMAIER** wird am 19. September 1947 in der Nähe von München geboren. Sie wächst mit fünf Schwestern und einem Bruder in ländlicher Umgebung auf.
Nach einer Lehre als Drogistin kommt sie in Berührung mit alternativen Ideen. Die Chemiegläubigkeit der Zeit und der unbedenkliche Gebrauch von DDT als Pflanzenschutzmittel beunruhigen sie. Auch die rücksichtslose Begradigung von Flüssen mit sichtbaren Konsequenzen für Flora und Fauna bringt sie ins Grübeln. Sie engagiert sich bei den Grünen. Nach der Katastrophe im Atomkraftwerk in Tschernobyl 1986 schließt sie sich der Naturland-Genossenschaft an, die Produkte von Landwirten, Bäckern, Gärtnern direkt an Verbraucher verkauft. Seit 1988 handelt sie mit Bioweinen aus Rheinhessen und dem Ausland. 2002 eröffnet sie eine Praxis als Heilpraktikerin.
Walburga Ismaier und ihr Mann Walter sind seit 40 Jahren verheiratet. Das kinderlose Paar lebt in Glonn in Oberbayern.

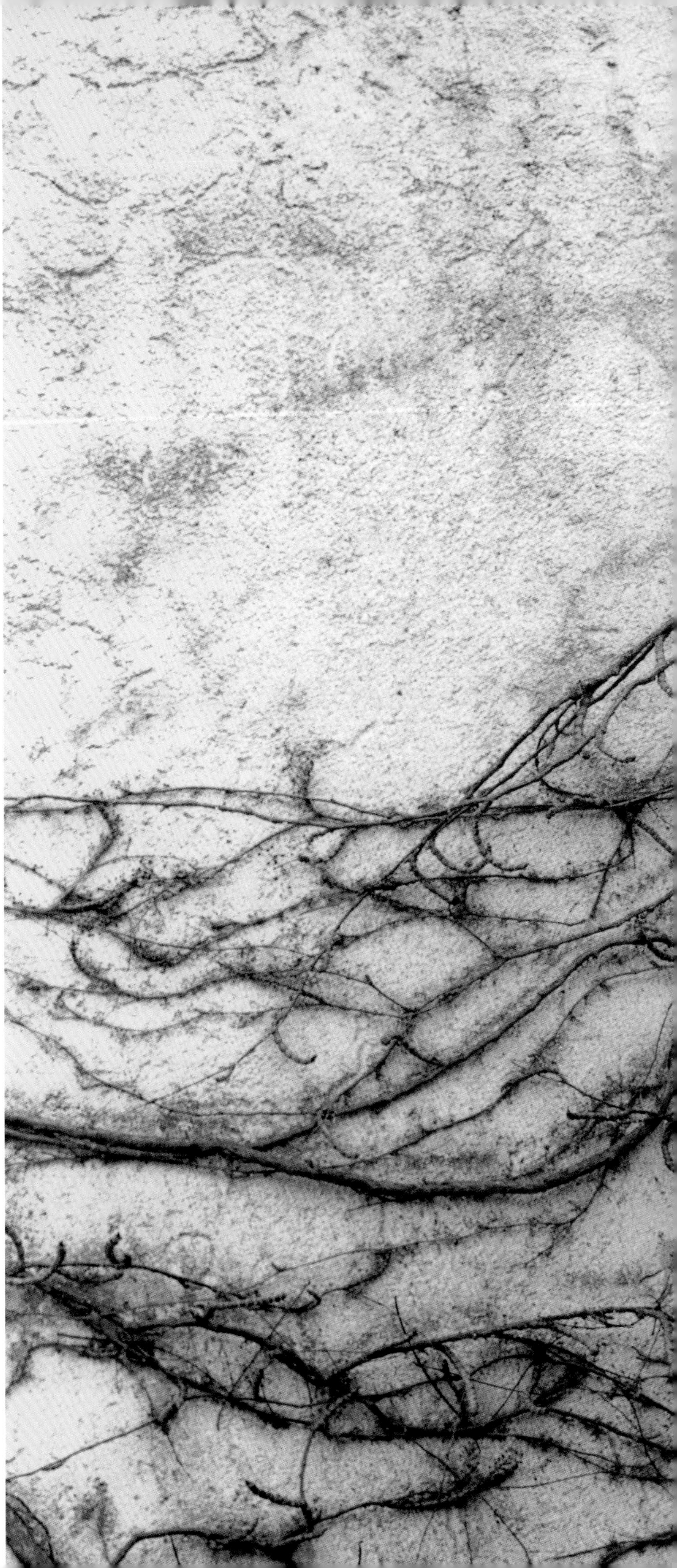

► „Die ausgeprägten Handrücken von Walburga Ismaier passen auf das Schönste zu den Weinreben hinter ihr."
(Konrad Rufus Müller)

Burgl wird Walburga Ismaier liebevoll genannt. Ein Name, der nach einem Leben in heiler Welt zwischen Bergen klingt, nach blühenden Wiesen, plätschernden Bächlein mit klarem Wasser, Milch von glücklichen Kühen und goldener Butter von nebenan. Und alles ist gesund und rein. Lug oder Trug?

Walburga Ismaier ist misstrauisch. Irgendwann in ihrer Jugend hat ihr jemand die Gutgläubigkeit und die vorbehaltlos positive Lebenseinstellung verdorben. Sie ist kritisch geworden gegenüber Behauptungen der Politik und Industrie, und das hat ihrem Leben einen anderen ideologischen Dreh gegeben. Sie ist eine Grüne geworden. 66 ist sie jetzt, eine große, schlanke Frau mit dickem graugesträhnten Haar und schmalen Händen, die sie einsetzt, um zu unterstreichen, was ihr wichtig ist. Sie hat ihr Leben stetig verändert und an ihre Erkenntnisse angepasst. Für ihren Mann, früher Latein- und Sportlehrer, bestimmt gelegentlich gewöhnungsbedürftig. Im Hause Ismaier gibt es zum Beispiel keine zwei warmen Mahlzeiten mehr – ist ungesund, macht dick und schläfrig. Mittags reicht ein Salat, abends gibt es ein warmes Essen und Zeit, alles zu genießen.

Der letzte Fernseher wurde wegen Altersschwäche vor 30 Jahren verschrottet. Seitdem ist das Haus Ismaier fernsehfrei. Frisst auch zu viel Zeit, befand das Ehepaar, und beobachtete stirnrunzelnd Freunde gleichen Alters, die ihre Abende nach dem Fernsehprogramm gestalteten und für Aktivitäten nicht zur Verfügung standen. Auch die Schüler ihres Mannes kopierten bei der Abifeier nur noch TV-Sendungen. Fernsehen tötet Kreativität, glaubt Walburga Ismaier. Das Ehepaar geht lieber ins Kino, redet oder vertreibt sich die Zeit mit Spieleabenden. Oder der Italienischkurs ist dran. Aus Freude an der Sprache, wegen des Weinhandels und um das Lernen nicht zu verlernen. Passivität ist Walburga Ismaier ein Gräuel.

Ihre kritische Haltung war ihr nicht in die Wiege gelegt. Im elterlichen Haus ging es konservativ zu. Der Vater produzierte Bausteine aus Beton, in den 50er Jahren nach dem Krieg ein gutgehendes Geschäft. Er war vorher Gutsverwalter gewesen in der Nähe und hatte dann die Chance, den Betrieb zu pachten. „Meine Mutter war Köchin auf demselben Gut, wo mein Vater arbeitete“, erzählt Walburga, „so haben sie sich kennengelernt, und das wurde ihr Schicksal. Sie bekochte später ihre neunköpfige Familie. Nach und nach hatten alle Kinder – außer dem Sohn, dem das nicht zuzumuten war – Pflichten im Haushalt zu übernehmen.“ Walburga, das fünfte Kind, war die Einkäuferin.

Mit 13 beginnt sie eine Lehre als Drogistin. Im zweiten Lehrjahr hört sie im Chemieunterricht von einem aufsehenerregenden Buch aus Amerika, „Silent Spring“. Die Autorin beschreibt darin die Verheerungen in der Natur durch den Einsatz von DDT, damals ein gängiges Spritzmittel zur Schädlingsbekämpfung in der Landwirtschaft. DDT galt in Deutschland zu der Zeit als völlig harmlos. So stand es in den Lehrbüchern. Der ungeheuerliche Gedanke beschlich die junge Auszubildende, dass dies falsch sein könnte.

Der ersten Verunsicherung folgt bald die nächste. „Als ich auf dem zweiten Bildungsweg mein Abitur nachmachte, sprach der Biologielehrer über die Folgen von Flussbegradigungen. Er erklärte, dass sich durch diese Eingriffe die Fließgeschwindigkeit des Wassers erhöht, das Fluss- oder Bachbett sich umbildet und manche Lebewesen keinen Lebensraum mehr finden. Das war mir völlig neu. So kam 1973 mein Weltbild ins Wanken. Bis dahin hatte ich geglaubt, Veränderung ist immer zum Besseren, das Geld wird mehr und der Wohlstand größer. Im Rückblick sehr naiv.“

Es entstand eine erste Umweltbewegung. Zu unorganisiert, zu unübersichtlich, fand sie. Aber die Ideen hatten sich schon eingenistet. In Ismaiers Garten wurde nicht gespritzt, da wuchsen Äpfel, so wie die Natur sie schuf. Sie hatten deshalb schon mal einen Fleck. Beim Umzug in ihr eigenes Haus in Glonn und nach einem Jahr ohne chemische Keule fragte ihr Nachbar, also, wie kommt das? Seit ihr da seid, haben wir wieder viel mehr Vögel im Garten. Walburga Ismaier wird Kreisrätin für die Grünen im Landkreis Ebersberg. Sechs lange Jahre litt die Idealistin

„FERNSEHEN TÖTET KREATIVITÄT."

unter der frustrierenden Erfahrung, dass sich meistens nicht die Kompetenz durchsetzt, sondern die Mehrheitsfraktion. Sie lernte, dass Einflussnahme nur über Umwege gelingt – Schluss mit der Politik.

In München wurde Anfang der 80er Jahre ein Anbauverband gegründet, der eine Verbindung zur Biolandwirtschaft suchte. „Da habe ich mich reingehängt und einen Biobauern-Stammtisch organisiert. Sogar konventionelle Bauern trauten sich zu uns, skeptisch geworden gegenüber den eigenen Methoden, und stellten Fragen." Ein Winzer aus Rheinhessen kommt ins Spiel, der erste Weinbauer im Naturweltverband. Schon dessen Vater hatte in den 50er Jahren seine Beobachtungen mit Kunstdünger gemacht und seinen Betrieb eigensinnig umgestellt auf Produktion ohne Spritzmittel. Er baute im Keller unverdrossen seinen Wein aus und verkaufte winzige Mengen. Natürlich wurde er belächelt. Bis Mitte der 80er Jahre der Glykol-Skandal die Weintrinker schockierte. „Dann war er plötzlich der Größte." Dieser Biowinzer aus Mettenheim ist bis heute Geschäftspartner von Walburga Ismaier und einer ihrer Lieblingslieferanten von Ökoweinen.

Plötzlich erkrankt die passionierte Bergsteigerin und Bergwandererin an Asthma. „Bis dahin waren Touren bis auf 4000 Meter Höhe angesagt", erzählt sie sachlich. Vorbei. Sie hustet jede Nacht, Kneipenbesuche sind wegen des Rauchs unmöglich, die sieben Stufen hoch zur Apotheke im kalten Winter Schwerstarbeit. Die konsultierten Ärzte widersprechen sich bei der Therapie. „Da bin ich auch der Schulmedizin gegenüber zornig geworden und hatte den Schub, drei Jahre lang jeden Morgen um Viertel nach sieben aus dem Haus zu gehen und wieder die Schule zu besuchen." Heilpraktikerin werden, um der eigenen Gesundheit willen, heißt das Ziel. Burgl kuriert sich tatsächlich selber durch einen individuellen Mix aus Schulmedizin, Homöopathie, Meditation und Beobachtung mit gesundem Menschenverstand. Ihre Praxis, in der sie Patienten mit unterschiedlichen Symptomen klassisch homöopathisch behandelt, ist die Summe ihrer Lebenserfahrung. Die zwei Pole – Heilpraktikerin und Weinhändlerin – empfindet sie als eine wohltuende Abwechslung. Aber es ist mehr als das. Es ist ihre Bilanz. Sie hat sich ihre ganz persönliche Existenz zurechtgezimmert. Wer kann das schon von sich behaupten, dass alle Erfahrungen und Erkenntnisse sich manifestieren in Lebensstil und Tätigkeiten, die obendrein auch noch nützlich sind.

Wenn das kein Grund zum Jubeln ist: An zwei Abenden in der Woche singt sie nach 20 Jahren Pause asthmafrei und glockenrein in einem Laienchor. Sie war eine von 40 Stimmen, als Haydns wuchtiges Oratorium „Die Schöpfung" aufgeführt wurde, eine Lobpreisung Gottes voller Staunen über die Wunder der Natur. Da passt sogar das Musikprogramm zu ihren Überzeugungen.

65 sein, wie fühlt sich das an? „Mein Mann und ich, wir sind relativ gesund. Das ist die Voraussetzung für Lebensqualität. Ich erschrecke höchstens mal, wenn ich vor dem Spiegel stehe und meine Brille aufhabe, die ich sonst nur zum Autofahren, im Kino oder Theater brauche. Dann sehe ich mich im Spiegel scharf. Jedes Detail. Wenn ich dann wieder zurücktrete, fängt mein Bild in einer gewissen Entfernung an, weniger scharf zu werden. Dann denke ich, super, dieser Weichzeichner, den ich mit mir herumtrage. Angenehm."

„IN JEDEM MENSCHEN STECKT ETWAS, WAS ER GUT KANN“

IRIS VON ARNIM

geboren *25. Januar 1945 im schlesischen Berbisdorf*
Beruf *Modedesignerin*

Der Name **IRIS VON ARNIM** ist ein Synonym für Kaschmir. Für weiche, leichte, luxuriöse Pullover und Jacken, viele mit klassischen Zöpfen und Rippen, im Fachjargon Architektur. Kostbare, teure Teile mit Wohlfühlgarantie und Suchtpotenzial. Bis 2013 kamen da nur Ladys ran. Dann präsentierte die Unternehmerin ihre erste Herren-Kollektion.

Die aus Schlesien stammende Adlige mit der lässigen Allure einer Italienerin passt zu ihrer Marke, wie es die Werbung nicht besser hätte erfinden können. Ihre graue Mähne ist ihr Markenzeichen. Der ständig wiederholte Titel Cashmere Queen, zunächst ein schickes Etikett, wirkt heute wie eine Auszeichnung für Exklusivität.

Iris von Arnim wird am 25. Januar 1945 geboren. Sie ist zwei Wochen alt, als die Eltern kurz vor Kriegsende das Familienschloss aufgeben müssen und mit ihren zwei Kindern nach Hannover flüchten. Sie lernt Reisebürokauffrau und zieht als junge Frau neugierig durch die Welt, auf der Suche nach dem richtigen Platz. Während eines langen Krankenhausaufenthalts entdeckt sie ihr Talent als Designerin. 2014 feiert die Marke 35. Geburtstag. Iris von Arnim hat einen Sohn, der Geschäftsführer des Unternehmens ist. Sie lebt in Hamburg und auf Sylt.

Nun auch für Männer. Das ist eine gute Nachricht. Bis jetzt durften sie vielleicht mal anfassen, streicheln oder – auch nicht schlecht – bezahlen. Aber jetzt gibt es eine erste Kaschmir-Kollektion Iris von Arnim Uomo mit dicken Handstrick-Pullovern und Cardigans. Eine Unternehmerin unternimmt. Wenn die Vision da ist, spielt das Alter keine Rolle. Aber dass ihr Sohn Valentin, Betriebswirt und Kunsthistoriker, seit fast acht Jahren als Geschäftsführer an ihrer Seite steht, ist der Expansion sicher förderlich. Auch die Eröffnung des Flagshipstores in München und die Vergrößerung des Stores auf Sylt hat der 35-Jährige vorangetrieben. Mutter und Sohn sind ein starkes Duo.

Zwei Generationen in derselben Firma machen noch kein Familienunternehmen. Sie haben sich erst zusammenraufen müssen, um gemeinsame Ziele verfolgen zu können. Rollen und Strategien sind längst klar. Der kreative Kopf ist Iris von Arnim. „Ich kann Strick", sagt sie mit einer gehörigen Portion Understatement. Denn nach 35 Jahren Erfolg im schwierigen Modemarkt steht das außer Frage. Sie „kann" ja auch Konfektion und Accessoires.

„Manchmal wundere ich mich selber, dass es noch so gut läuft und die Marke noch so gefragt ist. Denn ich kann nichts, was billig ist", überlegt sie, „aber mein Erfolg beruht sicher auch darauf, dass ich immer noch so große Freude für mein Thema empfinde und neugierig bin auf Design. Ich frage mich ja immer, wie kann ich die Frau am besten anziehen, die ich am besten kenne – nämlich mich selbst –, ohne mich zu verkleiden. Ich will ja nicht verkleidet sein. Trotzdem muss die Mode innovativ sein und ein bisschen jünger als ich, denn eine Marke muss sich verjüngen. Wenn es gut läuft, und auch zwischenmenschlich gut läuft, dann empfinde ich mein Team mit meinem Sohn als das beste auf der Welt. Dann macht es Spaß. Immer noch."

Das Hamburger Team besteht aus 30 Mitarbeitern plus Freelancern in verschiedenen Städten und in China, wo sie neben dem Standort Italien produzieren lässt. Was

Foto: Sven Hoffmann Journal

Strick angeht, sagt sie, habe sie in Deutschland immer ein bisschen die Nase vorn gehabt. Als Autodidaktin, die weder Design noch Business studiert hat.

Begonnen hat alles mit einem schweren Autounfall in einer Sonntagnacht nach einem Karnevalswochenende. Die 23-jährige Iris überlebt mit vielen Knochenbrüchen, die nicht heilen wollen. Sieben Operationen in drei Jahren sind die Folge. Der Aufenthalt in der Orthopädie in einer Heidelberger Klinik dauert allein fünf Monate. Das hat Vor- und Nachteile. Der Klinikchef legt sie in Gips, eine Romanze zwischen Arzt und Patientin entspinnt sich. „In der Wolke war viel Gold", lächelt sie heute. Und da geht es nicht nur um die Liebe. Eine Freundin bringt als Geschenk ein Riesenknäuel Wolle und Nadeln mit, und während der Langeweile im Bett entstehen die ersten Pullover.

Ende der 60er, Anfang der 70er Jahre weiß die schöne Iris von Arnim nicht, was aus ihr werden soll. Die Mutter starb, als sie drei war, beim Tod des Vaters war sie 16. Nach ihrer Lehre als Reisebürokauffrau macht sie sich rastlos auf die Wanderschaft und sucht in der Welt einen kreativen Beruf wie den Stein der Weisen. Sie jobbt als Fotografin, Journalistin, Texterin bei einer Werbeagentur, lebt ein Jahr in Paris und verbringt während der Kennedy-Ära ein Jahr in den USA. Eine amerikanische Tante schreibt damals in einem Brief über ihre wilde Nichte: „You would rather make a bellydancer out of Iris than a secretary." (Eine Sekretärin wird sie nie, eher eine Bauchtänzerin.) Die ideale Lösung findet sie nicht. In den arbeitslosen Phasen hockt sie auf ihrem zeitgemäßen Flokati in ihrer Münchener Bleibe, strickt und hört die Rolling Stones. „Das, was ich strickte, haben mir die Leute aus der Hand gerissen."

Sie bestätigt damit ihre Philosophie: „Ich glaube, dass in jedem Menschen etwas steckt, was er gut kann. Er muss es nur finden." Die knallbunten Pullis und Mäntel aus vielen Farben waren der Hit. Sie passten in den Spirit der Hippie-Ära. „Ich hatte eine Technik entwickelt, wie man die Farben in den Mustern so verteilt, dass sie streifig wirkten. Der Erfolg war riesengroß, Heimarbeiter mussten aushelfen, die damals von Hand die Vorlagen abzeichneten." Privat tat sich leider in München nicht viel für die unruhige Strickerin, und so zog sie nach Hamburg, wo ihr Freunde in der ehemaligen „Armeleutegegend" am Großneumarkt die Chance auf einen kleinen Laden boten. Mit Teppich vom Meter, billigen Rohren, also no budget, aber Ideen, bauten sie ein Regalsystem und eine schicke „Boutique".

Dahinter wohnte, bescheiden, die Designerin. Ihre Kunden fanden die Klamotten einmalig. Ein halbes Jahr später kam der Sommer und das Angebot, auf Sylt den Start zu wagen. Nach fünf oder sechs im Monat verkauften Pullis in Hamburg, von denen schon einige auf Halde lagen, verkaufte sie auf Sylt fünf oder sechs pro Tag. In der Nordseeluft bekam auch das Privatleben Auftrieb. Der Chefarzt aus Heidelberg kreuzte nach drei Jahren wieder auf, und Sohn Valentin kam entsprechend später auf die Welt. Eine Familie wurde aus der Liebe nicht.

Aber die Pullover führten 1979 zur Gründung einer Firma. „Ich konnte Menschen für mich begeistern." Die Kollektion umfasste ungefähr 15 Teile, die auf Messen präsentiert wurden. Heute sind es rund hundert, alle Farbvariationen mitgezählt etwa das Doppelte.

Die Hippie-Pullis „konnte ich bald nicht mehr sehen", erinnert sie sich und startet in die Kaschmir-Ära mit Produktion im Paradies der Mode, Italien. Hohe Erwartungen an die eigene Person, die Qualifikation, die Leistungsbereitschaft sorgen für gewaltigen Stress und Angst vor Enttäuschungen.

„Heute habe ich gelernt, meinen Frieden mit mir zu machen und ein bisschen bescheidener zu sein. Ich konzentriere mich auf das, was ich kann, und denke nicht darüber nach, was ich nicht kann und auch noch glaube, machen zu müssen. Von Anfang an hatte ich auch eine Vorstellung von Ethik, wie man eine Firma leitet und mit den Mitarbeitern umgeht. Ich wollte eben nicht nur mit Ellenbogen rangehen und auf Teufel komm raus wachsen, sondern ich bin der Ansicht, dass man auch eine Familie ist. Allerdings hat sich die Geschäftswelt verändert. Seit zehn Jahren mache ich PR, weil nur etwas wertvoll ist, das

„FRAUEN, DIE ALLEIN LEBEN, STRENGEN SICH MEHR AN."

auch so beworben wird. Seit fünf Jahren brauchen wir Marketing, das bedeutet, jetzt geht es nicht mehr nur um gutes Handwerk, sondern auch um die Verpackung. Damit muss ich mich abfinden. Man muss heute eben sehr viel mehr leisten. Und deshalb ist es gut, dass Valentin da ist."
60 zu werden, was bedeutet das? „Das Leben hat sich verändert - natürlich. Als ich zwischen 40 und 50 war, hatte ich gern Gäste und habe in meinem Haus Modenschauen mit Tänzern veranstaltet, Gartenfeste wie Karneval in Venedig oder elegante Picknicks. Das war die Zeit, in der man einen Salon führte und alle wichtigen Leute der Stadt einlud. Plötzlich habe ich gemerkt, dass mir diese Einladungen Zeit stehlen, und ich wollte dann auch den anderen Leuten diese Zeit nicht mehr stehlen. Mir sind heute Begegnungen zu zweit oder viert wichtiger. Ich lebe also zurückgezogener und finde das völlig normal. Denn wenn man zwölf Stunden am Tag im Geschäft engagiert ist und redet und nachdenkt, ist man abends ausgebrannt und empfindet die Stille als wunderbar. Es kommt sogar gelegentlich vor, dass ich eine ganze Woche mein Haus nicht verlasse. Da ich noch rauche, gehe ich nicht mehr gern in Restaurants, sondern koche zu Hause mit Freunden und unterhalte mich über die Themen des Lebens und bewahre mir mein Staunen über ebendieses Leben."
Meist versucht sie, donnerstags nach Sylt zu fahren und dort ein langes Wochenende auszuspannen. In der Heide zu laufen, zu lesen, Menschen zu treffen, nicht zu arbeiten. Und dennoch Inspiration mitzubringen. Die sich einfach einstellt und in den ewigen Kreislauf der Premieren und Kollektionen eingeht. Ein Jahr nach dem anderen. Da darf nicht automatisch alle Kraft in den Beruf fließen. Das Leben soll ja auch noch etwas bieten. „Die Frauen meines Alters mit einer funktionierenden Partnerschaft gehen auf in der Zufriedenheit des bürgerlichen Lebens zu zweit oder mit den Enkeln und unternehmen nicht mehr viel. Männer haben ja auch gern bequeme Partnerinnen. Frauen, die allein leben, müssen mehr kämpfen und sich mehr anstrengen als die, die in einer Partnerschaft leben. Single-Frauen sind deshalb interessanter, aktiver, bilden sich mehr, haben Initiative. Sonst wird man einsam."
Figürlich hat die Designerin Modelmaße. „Das gehört zum Beruf. Ich gehe auch in die Sonne, weil ich finde, ich sehe besser aus, wenn ich gebräunt bin. Make-up benutze ich wenig, ich bin eher so ein Naturkind, gesegnet mit einer schönen Haarfarbe." Und sie fragt sich: „Alter, was ist das? Wenn man offen und lebendig ist und spürt, dass andere Menschen deine Nähe und das Gespräch mit dir suchen, dann fühlt man sich eigentlich eher alterslos. Auch wenn nicht mehr so viel Trubel herrscht. Alles zu seiner Zeit. Dafür haben wir andere spannende Sachen."

LESESAAL
POLIZEI

„MEIN ZIEL WAR IMMER, EINE BERUFSTÄTIGE, UNABHÄNGIGE FRAU ZU SEIN“

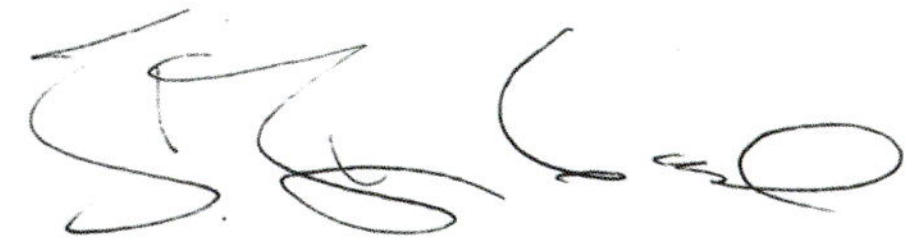

BRIGITTE BLOBEL

geboren *21. November 1942 in Hamburg*
Beruf *Schriftstellerin*

Ihr Leben klingt wie von ihr selber erfunden. Prall, knallbunt, aufregend, dramatisch. Männer, Kinder, Reisen, Romane, Fernsehfilme, Höhenflüge. Sie ist ein unruhiger Geist. Ihre Phantasie produziert unablässig Plots, Personen und Geschichten. Das ist es, was sie will.
BRIGITTE BLOBEL wird am 21. November 1942 in Hamburg geboren. Sie ist Journalistin, Schriftstellerin und Drehbuchautorin. Sie hat über 20 Romane und mehr als 30 Kinder- und Jugendbücher geschrieben. Ihre Jugendbücher zu aktuellen Themen wie Komasaufen, Magersucht oder Drogenmissbrauch sind vielfach ausgezeichnet und in der Schweiz Lehrstoff an den Schulen. Zu Mario Adorfs 80. Geburtstag schrieb sie ihm den TV-Zweiteiler „Der letzte Patriarch" auf den Leib. Gerade ist der Fernsehfilm „Almuth und Rita" mit Senta Berger und Cornelia Froboess fertig geworden, die zwei lebenslustige Frauen über 60 spielen. Brigitte Blobel ist in dritter Ehe verheiratet, hat zwei Kinder und zwei Enkeltöchter. Sie lebt mit ihrem Mann in Hamburg und in einer Finca auf Mallorca.

Mein Leben lang wollte ich immer nur das machen, was ich tue: Schreiben. Einen anderen Wunsch habe ich nicht. Man könnte ja auch malen wollen, einen schönen Garten anlegen oder auf einem Kreuzfahrtschiff die Welt bereisen. Ich glaube, dass nur eine Tätigkeit, die uns Freude bereitet, dem Leben einen Sinn verleiht. Das Geldverdienen ist natürlich auch existenziell wichtig, und unterschwellig muss ich mir wahrscheinlich immer noch beweisen, dass ich das, was ich vorhatte, als ich meine beiden kleinen Kinder verließ, auch erfolgreich durchziehe.
Durch das viele Schreiben ist mein Kopf voller Leute. Ich brauche keine Partys, ich habe meine Gesellschaft im Kopf, all die Menschen, deren Geschichten ich geschrieben habe. Deshalb kann ich auch nicht sagen, dass ich mich im Kopf ganz jung fühle. Das stimmt nicht. Mein Kopf ist alt. Er ist mit so viel fremdem Leben angefüllt. Das hat ein junger Kopf nicht. Ich könnte gar nicht aufhören zu schreiben, weil das Schreiben mein Leben ist. Und so geht es doch vielen. Martin Walser, Louis Begley, Philip Roth, alle steinalt, schreiben wie besessen weiter, weil das ihre Vorstellung vom Leben ist.
Eigentlich hat alles, was in meinem Leben passiert ist, mit meiner Kindheit zu tun. Meine Kindheit ist das schwarze Loch in meinem Leben. Ich hatte eine schwache Mutter, einen sexuell übergriffigen Vater, der mir das Vertrauen in die Institution Familie komplett genommen hat. Sonntags legte er sich zu mir ins Bett, und beim Spazierengehen musste ich die Hand in seine Hosentasche stecken. Meine Mutter tat so, als wüsste sie von nichts, wenn er morgens zu mir kam. Ich hörte nur, wie sie nebenan die Schubladen des Kleiderschranks heftig zuknallte. Mein Vater war Steuerfachmann, und wir hatten früh nach dem Krieg ein Haus in der besten Gegend. Er war nicht nur klug, er sah auch blendend aus, ein Typ wie Curd Jürgens, charmant, alle Mädchen in meiner Klasse haben für ihr geschwärmt. Aber er hat sich nur für mich interessiert. Auch meine Schwester hatte keine Ahnung, bis ich ihr, da war ich schon 50, davon erzählte. Ihr wurde kotzübel.
Während wir spazieren gingen, hat mein Vater Gedichte rezitiert. Immer wieder Gedichte. Das war seine andere Seite. Von ihm habe ich das Interesse an Literatur. Was er alles gelesen hatte! Und was er für eine Bibliothek hatte! Meine Mutter hat mich, glaube ich, nicht geliebt. Ich kann mich jedenfalls an keine einzige zärtliche Berührung erinnern. Sie war mir fremd. Sie hatte etwas Dünkelhaftes, das Beste war gerade gut genug.
Manchmal gab es große Abendessen im Hotel Vier Jahreszeiten. Dann übernachteten meine Eltern dort und ließen meine Schwester und mich allein zu Haus in Ahrensburg außerhalb von Hamburg. Auch zu Silvester.

Wir waren damals acht und neun Jahre alt. Daraufhin hat meine Schwester ihnen einen Zettel hingelegt: Wenn ich später einmal Kinder habe, werde ich sie Silvester niemals allein lassen. Und das hat sie bis heute nicht getan. Die Kinder sind natürlich längst erwachsen, aber die Familie feiert Weihnachten und Silvester immer zusammen. Ich habe kein einziges Foto von meinen Eltern.

Ich erkrankte damals an der Wirbelsäule, dem „Scheuermann", und litt unter wahnsinnigen Rückenschmerzen. Ein halbes Jahr lang lag ich deshalb in einer Spezialklinik und bekam jede Woche eine Spritze in die Wirbelsäule. Dafür wurde man festgeschnallt. Ich musste zusätzlich einen Gipstorso tragen, den man nicht öffnen konnte. Meine Freundinnen können sich heute noch daran erinnern, wie sie mit Stricknadeln darin rumgekratzt haben, um den Juckreiz zu lindern. Als der Gips abgenommen wurde, hatte ich keine Haut mehr. Mein Vater ist trotzdem in mein Bett gekommen.

Viele Jahre später, als ich schon beinah 50 war, bekam ich plötzlich starke Kopfschmerzen und habe eine Physiotherapeutin konsultiert. Die fasste mich während der Behandlung irgendwo an und erzählte mir hinterher, ich wäre aufgesprungen, hätte sie angeguckt wie ein wütendes Kind und geschrien: Fass mich nicht an! In diesem Moment ist bei mir die Erinnerung zurückgekommen, und ich wusste, was eigentlich passiert war. Beim Röntgen wurde dann festgestellt, dass ich nie, nie etwas an der Wirbelsäule gehabt hatte. Die Symptome waren reine Psychosomatik. Da habe ich begriffen, dass die Psyche eine noch wichtigere Energie ist als alles Körperliche.

Dann bin ich in die Arme eines Tierarztes aus der Nachbarschaft gefallen. Er hatte seinen Führerschein verloren wegen Alkohol am Steuer, und ich fungierte als seine Chauffeuse. Meine Mutter war entsetzt, weil aus mir etwas Größeres werden sollte. Aber ich hatte mich verliebt, und 1962 gab es keine emanzipierten jungen Mädchen. Man flüchtete in eine Ehe. Dass das der falsche Weg war, habe ich schnell gemerkt und überlegt, wie ich da wieder rauskomme. Ich war damals noch Jungfrau und wollte so schnell keine Kinder. Ich wollte nicht in diese Falle, sondern während der Ehe noch studieren. Mein Mann fragte mich, weißt du denn überhaupt, wie es geht, wie man Kinder macht? Ich wusste es nicht, weil es damals noch keinen Sexualkunde-Unterricht gab und meine Mutter mich nicht aufgeklärt hatte. Wir hatten noch nicht miteinander geschlafen, und da hat er es mir erklärt, eine Zeichnung gemacht von Penis, Hoden und Vagina und Gebärmutter und dass der Samen des Mannes irgendeine Stelle erreichen kann. Ich fragte ihn, wie merken wir das? Und er sagte, mach dir keine Sorgen. Zehn Monate später kam meine Tochter auf die Welt. Unfassbar, es hört sich an wie im Mittelalter, dabei waren das die 60er-Jahre.

Im Grunde habe ich eine Schwäche für Machos, so wie mein erster Mann einer war. Ich fühle mich angezogen von ihrer Virilität und Kraft, die sie ausstrahlen. Wenn ich morgens um sechs mit meinem Mann auf ein Gestüt in Schleswig-Holstein gefahren bin, um die Jährlinge zu impfen, lag noch Nebel über den Koppeln. Man sah kleine Dampfwölkchen von den Hengsten aufsteigen, 30 junge ungezähmte wilde Tiere. Er flankte über den Zaun, allein, packte einen nach dem anderen bei der Mähne, verpasste ihnen die Einmal-Spritze, die er in der Jackentasche trug, klopfte ihnen auf den Hals und malte ihnen mit Filzstift ein Kreuzchen auf. Er war ein Pferdeflüsterer. Ich fand das umwerfend. Ich war 19.

Sieben Jahre lang habe ich das Leben einer Tierarzt-Gattin geführt. Wir lebten mit den Schwiegereltern unter einem Dach, hatten eine Haushälterin, und ich lernte reiten, denn Pferde waren seine Passion. Mit dem Golfspielen musste ich aufhören, das war die Passion meines Vaters, und studieren durfte ich auch nicht. Meinen Italienischkurs hat er erfolgreich torpediert. Eine Tierarztfrau hatte sich um die Rechnungen zu kümmern und bei den Operationen zu assistieren. Falls jemand wissen möchte, wie ein Kaiserschnitt bei einer Kuh gemacht wird, ich weiß es. Er war sehr großzügig. Wenn ich ein neues Kleid wollte, weil wir zu einem Ball eingeladen waren, sagte er, dann kauf dir eins. Und ich durfte das Geld aus dem Safe nehmen. Aber diese finanzielle Abhängigkeit war mir körperlich zuwider. Seine Brüder haben mir einmal erklärt, welch archaisches

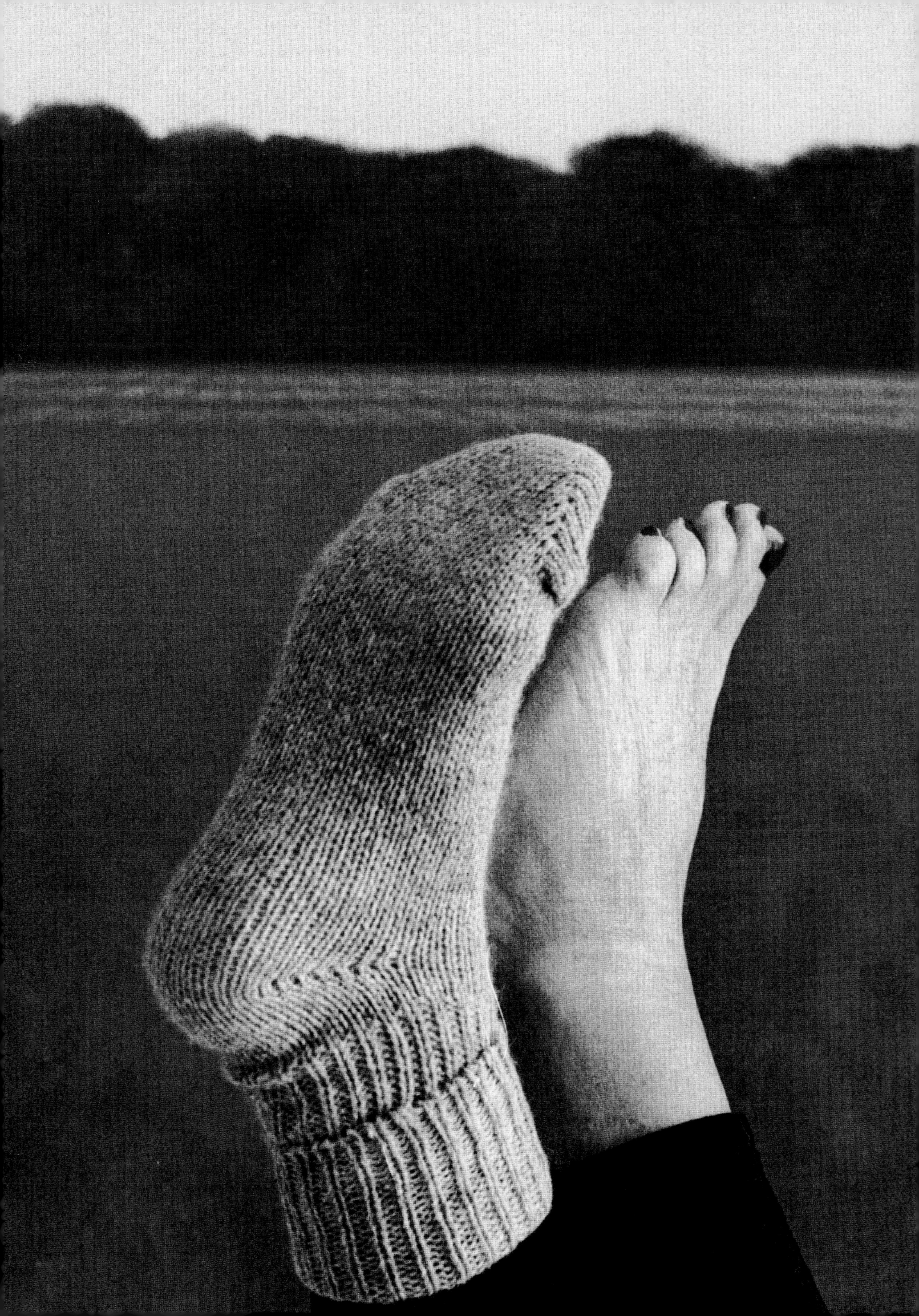

◄ „Wir entschieden uns nach Abwägung aller Möglichkeiten für den linken Fuß vor dem Gemälde einer Flusslandschaft des Künstlers David Tindle."
(Konrad Rufus Müller)

Familienmuster mein Mann im Kopf hatte: Der Mann verdient das Geld, der Mann bestimmt. Seine Frau sucht er sich nach besonderen Kriterien aus: Sie muss gut aussehen, damit die Kinder gutes Erbgut mitbekommen, aber sie muss so jung sein, dass sie noch keinen eigenen Willen hat und formbar ist. Im Grunde genommen ein nationalsozialistisches Zuchtprogramm. Als die Pille auf den Markt kam, war einer meiner Schwäger Professor für Gynäkologie. Der verbot seiner Frau, die Pille zu nehmen, weil man ja nicht wisse, was die Forschung in zehn Jahren dazu sagen würde. Es sei zu früh. Das galt natürlich auch für mich. Also wurde ich zum zweiten Mal schwanger, zu einem Zeitpunkt, als ich schon überlegte, wie ich aus der Ehe rauskäme. Aber nach der Geburt überwog zuerst noch das Glück.

Doch als mein Sohn zehn Monate alt war, habe ich das Haus verlassen. Ich hielt die Situation nicht mehr aus. Das war mein große Schuld, an dieser Schuld trage ich noch heute.

Mein Mann war damals mit der Situation total überfordert. Er ging nach draußen, zog den Schlüssel von dem VW-Cabrio ab, das er mir gerade geschenkt hatte, und sagte, der bleibt hier. Das war für mich kein Problem. Ich bin zu Fuß zu meinen Eltern gegangen. Meine Mutter fiel aus allen Wolken, ja, und die Kinder?, fragte sie. Die sind bei meiner Schwiegermutter, die war ja der Boss der Familie. Sie wurde nur der General genannt. Das geht nicht, befanden meine Eltern. Da habe ich die Tür wieder zugemacht, bin zur Autobahnauffahrt gegangen und per Anhalter zu meiner Schwester nach Frankfurt gefahren. Gleich am nächsten Tag habe ich eine Anzeige in der FAZ aufgegeben. Ich konnte ja Schreibmaschine, Buchführung und gut Englisch und Französisch. Vier Tage später habe ich meinen ersten Job bei der Presseagentur Associated Press angefangen.

Leider konnte ich nicht studieren, weil ich ja kein Geld hatte. Mein Mann hatte meinen Vater gebeten, mir nichts zu geben. „Tu mir den Gefallen, wenn sie in der Gosse liegt, kommt sie zu mir zurück." Aber ich hatte diesen Job. Mein Ziel war immer, eine berufstätige, unabhängige Frau zu sein. An den Wochenenden bin ich nach Hamburg getrampt, um meine Kinder zu sehen. Eines Tages konnte ich mir von meinem Geld einen Hamstermantel leisten. Ich trug diesen Mantel, als ich an der Haustür klingelte. Er öffnete und sagte: „Ach so, du arbeitest jetzt als Nutte." Etwas anderes konnte er sich nicht vorstellen.

Im Büro lernte ich eine Frau kennen, die mich mit dem Literaturagenten Josef von Ferenczy bekanntmachte. Er vermittelte mir die ersten Aufträge. Unter dem Pseudonym Tatjana Lindhoff schrieb ich Romane für „Bravo" und hatte einen Riesenerfolg. So hat alles angefangen. Ich hatte jetzt auch genug Geld für ein Studium und konnte mir diesen Traum erfüllen. Bei Peter Glotz in München studierte ich Zeitungswissenschaften und Romanistik. In meiner Abschlussarbeit analysierte ich die „Bravo"-Romane von Tatjana Lindhoff und habe sie natürlich vernichtet. Das hat mir Spaß gemacht. Ich wohnte in einer schönen Zweizimmerwohnung, sodass die Kinder mich besuchen konnten. Damals schickte mein Exmann mir das Jugendamt auf den Hals, weil mein Lebenswandel angeblich unseriös sei, aber die konnten nichts feststellen. Es gab immer Kämpfe mit ihm, ich habe dicke Ordner mit all den Briefen von Ämtern und Anwälten. Wenn ich die Kinder in die Wohnung meiner Eltern nach Österreich mitnehmen wollte, hat er die Pässe versteckt.

Inzwischen schrieb ich für den Hamburger Springer Verlag und meinen ersten Roman über die aktuelle Mega-Insolvenz eines Düsseldorfer Bauunternehmers. „Der Sturz des Löwen" wurde ein Bestseller. Dabei lernte ich meinen zweiten Mann, einen Journalisten, kennen, mit dem ich 13 Jahre verheiratet war, bis er an Krebs starb. Aber da hatten wir schon getrennte Wohnungen: ich in Hamburg, er in München. Er hatte mich zu dieser Ehe überredet, denn eigentlich hatte ich nicht wieder heiraten wollen. Ich schätze den Charme der Freiwilligkeit. Man ist zusammen, weil man zusammen sein will. Und wenn es genug ist, ist es genug. Aber ich habe mich überreden lassen.

Bei einem Essen erzählte ich Details aus dem Leben der Hamburger Society, so wie ich sie durch meine Eltern kennengelernt hatte. Daraus entstand „Alsterblick", ein

„DER SINN DES LEBENS IST, DAS LEBEN MIT INHALT ZU FÜLLEN."

enorm erfolgreicher Klatschroman, und ich wurde durch alle Talkshows geschleust. Ich machte viele Gesellschaftsreportagen über die Schickeria in Monte Carlo oder St. Moritz.

Bei einer großen Geschichte 1994 für „Geo" bin ich mit den Scheichs in Oman auf Falkenjagd gegangen und habe dabei Stoff sammeln können für einen neuen Roman. Er hieß „Der Ruf des Falken". Für „Die Kerze brennt nur bis zum Morgenrot" hatte ich ein Vierteljahr in Ägypten gelebt. In Luxor saß ich mit meiner kleinen batteriebetriebenen Schreibmaschine, als jemand kam und sagte, hast du schon mal von El Kaida gehört und Osama bin Laden? Ich hatte keine Ahnung. Er nahm mich in einem kleinen Flugzeug mit, und wir sind in den Sudan geflogen und haben von oben die Camps gesehen, wo die El-Kaida-Soldaten ausgebildet wurden. Das kommt alles in dem Buch vor. Als der erste große Anschlag im Tal der Könige verübt wurde, gingen die Buchfahnen gerade an die Verlage und Redaktionen. Da las man zum ersten Mal die Namen, die heute das Synonym für internationalen Terrorismus sind. Obwohl meine Bücher reine Unterhaltungsromane sind, gibt es auch eine andere Ebene. Ich habe ich mich immer für die politische Seite der Gesellschaft interessiert, für das Politische im Privaten und umgekehrt.

Inzwischen hatte ich mit Drehbüchern angefangen und mit einer Kollegin für die ARD meine Buchreihe „Neues vom Süderhof" als Fernsehserie eingerichtet, insgesamt wurden es 48 Folgen, das wurde eine richtige Kultserie. Ich bin beruflich immer dreigleisig gefahren: Bücher, Journalismus, Filme. Wenn es in dem einen Bereich nicht so gut lief, habe ich in dem anderen weitergemacht. Bei einer Reise mit dem damaligen Außenminister Genscher nach Costa Rica – er sollte Ehrenbürger werden – habe ich meinen jetzigen Mann, wieder einen Journalisten, kennengelernt. Bei einem Mittagessen in San Salvador in Nicaragua war ich Tischdame von Daniel Ortega, dem Staatspräsidenten, und musste immer seine verkrüppelten Hände angucken. Er war gefoltert worden, und die Schergen hatten ihm die Fingernägel rausgerissen.

Ich habe dann doch wieder geheiratet. Zum dritten Mal, es war mein eigener Wunsch. Vielleicht wollte ich was wiedergutmachen. Ich hatte ein schlechtes Gewissen, als ich meinen ersten Mann verließ, bei meinem zweiten Mann hatte ich auch ein schlechtes Gewissen. Und nun ist es anders. Ich hatte nicht geglaubt, dass aus der anfänglichen Verliebtheit so eine enge, gute, innige Bindung wird. Als ich 70 wurde, hat mir mein Sohn aus dem Ausland einen Glückwunsch gemailt, und ich habe geantwortet: Deine Mutter ist jetzt 70, so war das nicht geplant. Im Ernst, da wollte ich schon tot sein. Ich bin jetzt älter, als ich es mir jemals gewünscht hätte. Und nun habe ich den Salat. Als mein Mann neulich sagte, wir können doch noch lange so weitermachen, habe ich ihn gefragt, was stellst du dir vor? Wie lange soll das gehen? Bis 80 vielleicht, meinte er. Bist du wahnsinnig, ich war völlig perplex.

Aber man muss ja irgendwie weitermachen. Ich habe also beschlossen, dass ich alt werden und beobachten will, was dabei mit mir passiert. Ist vielleicht auch eine spannende Geschichte. Ich will es nicht verdrängen, sondern leben.

Seit fünfzig Jahren geht es in meinen Büchern fast immer nur um Männer – alt, älter und berühmt. Einmal gab es die Chance, eine Frau mit der Kamera zu begleiten und zwischen zwei Buchdeckeln zu verewigen. Ihr Name: Angela Merkel. Am Ende hat sie sich auf dieses interessante Experiment nicht eingelassen. Schade eigentlich!
Nun will ich diesen Planeten aber nicht verlassen, ohne mir zu beweisen, dass die geheimnisvolle Welt der weiblichen Physiognomie zumindest teilweise zu entschlüsseln ist. Ich habe versucht, dem Klischee des „Kanzlerfotografen" zu entkommen und ein kräftiges Gegengewicht zu platzieren.
Das Ergebnis meiner Sinnsuche außerhalb männlicher Politik und Machowelten darf ich hier mit Stolz präsentieren.
Die Idee zu diesem Buch schleppte ich schon seit Jahren mit mir herum, ehe ich den Verleger fand, der an dieses Buch glaubte. Die Suche nach den Protagonistinnen übernahm Barbara Brauda, die auch die einfühlsamen Gespräche führte. Ich kannte nur eine der Frauen, die sich dann meiner Kamera öffneten.
Die gemeinsame Arbeit fand bei Tageslicht statt, und wie immer verzichtete ich auf jedes technische Hilfsmittel. Angedacht waren jeweils zwei Bilder. Das erste Motiv haben wir meist gemeinsam ersonnen, obwohl der Mann hinter der Kamera hier immer das letzte Wort haben musste, ging es doch um sein ureigenstes Thema, das „Zeichnen mit Licht". Dies ist die allgemeingültige Übersetzung des Wortes Fotografie. Beim zweiten Bild durften sich meine Mitstreiterinnen ein Detail aussuchen, von den Haarspitzen bis zu den Fußsohlen. Dieses Detail habe ich dann auf meine Weise dokumentiert. Es wurden intensive Begegnungen, auf subtile Weise intim. Dabei entstanden überraschende, anrührende und offene optische Bekenntnisse von starken, selbstbewussten Frauen, die ich ausnahmslos in mein Herz geschlossen habe.

Dank an alle!

Konrad Rufus Müller

IMPRESSUM

KONZEPT UND REDAKTION
Wolfgang Behnken
GESTALTUNG Anna Moritzen
LEKTORAT Andreas Feßer
BEHNKEN & PRINZ GmbH & Co. KG
www.behnkenprinz.com

FOTOS
Konrad Rufus Müller

Seite 6, Karin Rocholl
Seite 163, Sven Hoffmann Journal
Seite 174, Volker Hinz

TEXTE
Barbara Brauda

LITHO UND BILDBEARBEITUNG
Edelweiß-Publish
www.edelweiss-publish.de

ludwig:media
Repro Ludwig Prepress & Multimedia GmbH
www.ludwigmedia.at

PROJEKTKOORDINATION
Dr. Marten Brandt

DRUCK UND BINDUNG
optimal media GmbH
Glienholzweg 7, 17207 Röbel/Müritz

VERLAG
Edel Books
Ein Verlag der Edel Germany GmbH

1. Auflage 2014

Printed in Germany

ISBN 978-3-8419-0260-3